THE TURNING POINT IN MANAGEMENT STRATEGY

危機を乗りこえる経営者の心得

経営戦略の転換点

大川隆法
RYUHO OKAWA

まえがき

今年は、幸福の科学立宗《りっしゅう》三十周年になる。

振り返ってみれば、様々な講演をし、書籍を出し、研修を重ね、まずは「ソフト・ファースト」の路線を引いた。教義固《がた》めと、講師養成を優先した。そして次には映画やＰＲ活動にも力を入れ、教団の知名度を上げ、他教団との差別化もはかった。

経営の方法はシンプルで、キャッシュフローに重点を置いて、銀行の預金残高の推移をみるだけで決してつぶれない経営を目指した。人事はその人の長所に光をあてて育てつつ、短所の害が大きくなると、ためらわず人事異動を断行した。しかし、一度の失敗で負け犬のレッテルをはることは避け、ローマ軍方式で何度でも敗者復活戦を許した。結果的に、多数の幹部が養成され、事業の多角化、グループ化が進んだ。

立宗十年目あたりを境《さかい》に、ヤドカリ型のレンタル方式で拠点展開していたのを、自前型の土地建物（支部精舎《しょうじゃ》、正心館《しょうしんかん》）を持つ方式に転換していった。さらに中高一貫校二校と、ハッピー・サイエンス・ユニバーシティ、海外百以上の支部・拠点展開（国際伝道）、政党の立ち上げと政治活動の推進をやってきた。完全無借金体質の組織で、約二千人の職員が働き、次の飛躍のチャンスを狙《ねら》っている。これが幸福の科学グループの現在だ。

私自身も、目に見える形で数十億円の寄付をし、目に見えぬ寄付（無償《むしょう》の奉仕活動）は、数百億円から数千億円にも及ぶ。一九八六年に立宗した時には、某大手銀行から、私自身が生命保険に入っているかどうか訊《たず》ねられたが、今ではメジャー銀行から、「一部上場の大企業と同じ扱いですが、全く借金してくれないので困る。」と言われている。一応、宗教家、思想家が私の本業かと思うが、経営戦略についても十分に語る資格はあると自負《じふ》している。

二〇一六年　十月十八日

幸福《こうふく》の科学《かがく》グループ創始者兼総裁《そうししゃけんそうさい》　大川隆法《おおかわりゅうほう》

経営戦略の転換点　目次

第2章　危機に立つ経営

――乱気流の時代の情報戦略――

3　大胆《だいたん》にして細心であれ　108

第3章　赤字企業の脱出《だっしゅつ》法
――生き延《の》びるための経営体質診断《しんだん》――

第4章　経営者の次なる一手
――トップであり続けるための「帝王学《ていおうがく》」――

第1章

経営戦略の転換点《てんかんてん》

――黒字企業《きぎょう》が〝不況《ふきょう》日本〟を救う――

二〇一四年五月三日　説法《せっぽう》

栃木《とちぎ》県・幸福の科学　総本山《そうほんざん》・正心館《しょうしんかん》にて

1　安倍《あべ》首相の戦略をどう見るか

安倍首相には読んでほしくない本？

本法話《ほうわ》の参考書籍《しょせき》は『忍耐《にんたい》の時代の経営戦略』（幸福の科学出版刊）で、これは、二〇一四年の一月四日の講義を書籍化したものです。

この本にはいろいろなことが書いてありますが、自分なりに読み直してみて、やや〝恥《は》ずかしい〟面もあることはあるのです。

本文には、「この法話が書籍化されても、安倍《あべ》首相には献本《けんぽん》してほしくありません」と書いてあるのですが、（新聞を掲《かか》げ）こんなに大きな広告を出され、やたらと、いろいろなところから、この本を送ってこられたりしたら困るでしょう。

ですから、「内緒《ないしょ》の話ほど、誰《だれ》もが聞いてしまう」ということになります。

外国を回ることが多く、〝営業〟の才能がある安倍首相

本法話の前日（二〇一四年五月二日）、安倍総理は、ロンドンのシティ（金融街《きんゆうがい》）で、「日本のアベノミクスは成功中であり、成長戦略についても、打つべき手を打ち、どんどん進んでいるから、日本は〝買い〟だ」というようなことを言い、日本への投資を進めることや、日本の株を買うことなどをかなり宣伝し、そのあと、ポルトガル語圏《けん》に移動していました。

安倍首相は、最近の首相にしてはよく外国を回っています。〝営業〟にかなり専念しておられるようです。中国の習近平《しゅうきんぺい》国家主席もよく外国に出かけているの

2014年5月3日付毎日新聞掲載の『忍耐の時代の経営戦略』の全面広告。

で、日本と中国の首脳が両方とも外国を回り、テリトリー戦略というか、〝陣地《じんち》〟の取り合いをする感じで動いているように見えます。

安倍首相は、そこそこ頑張《がんば》ってはいると思います。「若干《じゃっかん》、〝営業〟のほうの才能がある首相ではあるのかな」と感じています。「黙《だま》って数字だけを見て判断するタイプではないのではないか」と考えています（注。二〇一六年時点でも、安倍首相は六月一日の記者会見のなかで、「アベノミクスは順調にその結果を出している」と述べ、また、八月二十七日には、第6回アフリカ開発会議のなかで、今後三年間でアフリカ支援《しえん》に官民総額三百億ドル〔約三兆円〕規模を投資する方針を表明するなどしている）。

2 「消費税の増税」がもたらしたもの

消費増税の直後に〝市場調査〟をしてみた

二〇一四年の四月から消費税が三パーセント増え、八パーセントになりました。また、この年の成果を見て、秋ごろに、「追加増税をし、全体で十パーセントにするかどうか」の判断がなされるので、〝四六《よんろく》〟（四月から六月までの四半期）の経済成長が非常に気になるところかと思います（注。この予測どおり、二〇一四年の消費税増税の結果、消費が冷え込《こ》んだため、同年十一月、安倍《あべ》首相は、「二〇一五年十月からの消費税再増税を二〇一七年四月まで一年半延期する」という方針を表明。その後、さらに二〇一九年十月まで再延期することになった）。

私も、いろいろなところに出向いて〝市場調査〟をしています。まあ、市場調査というほどのものではなく、覗《のぞ》いたり、買ったり、おしゃべりをしたりしているだけですが、今まで買っていたところなど、いろいろな店を見て、客が増えているか、減っているかを見ているのです。

特に、（消費増税初日の）四月一日には、重点的にいろいろと回ってきたのですが、「ほとんど従業員が立っているだけ」のところもかなりあり、値段が高めのところは客がいなくて、従業員ばかりが立っている状態でした。

全体的に見ると、「会社の名前が知れ渡《わた》っていて、（消費税の値上げ分を）隠《かく》せない」というようなところに関しては、一晩で正直に値札を付け替《か》えていましたが、サービス業や飲食業系統で、全国に名前が知れ渡っているほどでもないところに関しては、「そこそこ、うまく工夫《くふう》している」ということが言えます。

ある程度、名前が知れ渡っているところは、もう隠しようがないので、値札をきちんと付け替えていたために、宝飾品《ほうしょく》や時計の業界等は売上が落ち込んでいる状態です。三月には最後の駆《か》け込み需要《じゅよう》で売上が上がったようですが、四月一日以降、落ち込んでいます。

ほかのところは、まだ微妙《びみょう》な攻防戦《こうぼうせん》をやっています。

掛《か》け算をすると端数《はすう》が出て、値段が高く見えたりするようなところでは、値段を上げないで、そのまま持ち堪《こた》えているところもありますし、逆に値下げに入ったところもあります。「え!?」と思いましたが、「三パーセント増税」なのに、料金が下がったところもあるのです。不思議です。

「『料金が上がる』と見て客が離《はな》れるときに、いったん料金を下げ、ほかのところに行かなくなった人を、自分のところに持ってこようとしているのではないか」と思うのですが、以前より料金が下がっているところもあるわけです。

あるいは、定価を同じにして内部で吸収しているところもあり、それぞれ努力はしているようです。

「デフレ脱却《だっきゃく》」を目指しているときの「消費増税」は愚策《ぐさく》

いずれにしても、政府のほうは、おそらく、四月から六月までの四半期の数字があまり下がらないよう、いろいろと手は打つでしょうが、苦しい戦いではあります。

政府は、法人税を下げ、景気が悪くならないように見せる努力をしようとしているようです。

法人税を下げてくれるのはよいのですが、「公益法人に課税しよう」という声もチラッと出たりしています。余計なことを宗教が言わないように、〝牽制球《けんせいきゅう》〟を投げている可能性もあるのですが、「宗教法人や学校法人などに税金をかけたら、法人税減税の原資が出るのではないか」というような〝球《たま》〟を投げたりもしているので、気をつけないといけないと思っているのです。

ともあれ、財務省の「消費税上げ戦略」を、政府は、法人税を下げる方向で緩《かん》和《わ》しようとしているのですが、これは〝政権の寿命《じゅみょう》〟と関係があるでしょう。景気が急に失速したら、政権がもたなくなってくるのは間違《まちが》いないのです。安倍首相には、まだ政治的に実現したいこともあるでしょうから、そのあたりが難しいところでしょう。

その気持ちはよく分かるのですが、何度か申し上げているように、「デフレ脱《だっ》却《きゃく》」を目指しているときに消費税率を上げたのは、一般《いっぱん》的には愚策《ぐさく》だと思わざるをえません。財布《さいふ》の紐《ひも》は一般的には締《し》まるからです。

狙《ねら》いとしては、「我慢《がまん》し切れなくなり、一定の期間内に買い出しが始まったらよい」ということなのでしょう。私の秘書は、（消費税増税の直前の）三月末になると、トイレットペーパーをたくさん買い込んだりし始めましたが、それを買

アベノミクスが失速した「消費増税」こそ
幸福実現党の政策との決定的な違いだった

アベノミクス「3本の矢」

- 金融緩和（2％の物価上昇目標など）
- 機動的な財政政策（大規模な公共投資、国土強靭化）
- 民間投資を喚起する成長戦略（規制改革、女性が輝く日本など）

増税 **2014年4月に消費税を5％から8％に増税。さらに、10％への増税を予定。**

幸福実現党の経済政策

- 金融緩和（2～3％程度の物価上昇目標、日銀法改正など）
- 公共投資（リニア新幹線などの交通インフラ、都市開発など）
- 規制緩和（交通、医療、農業、教育などの規制を緩和・撤廃）

減税 **経済成長のための減税路線**

↓

・8％への増税後、アベノミクスは失速。
・2％の物価上昇目標に対して、2016年8月の消費者物価指数はマイナス0.5％で、6カ月連続のマイナス。

↓

デフレ脱却に失敗

「小さなヒットを軽視せず、それを累積することによって、数年後にはティッピング・ポイント（量が質に変わる転換点）がくることを信じることだ」（「あとがき」より）

2014年1月の時点で、消費増税によるアベノミクスの失速とデフレ脱却の失敗を予言。企業や個人が生き残るための経営戦略として、「マイクロヒット戦略」などを解説した。
『忍耐の時代の経営戦略』（幸福の科学出版刊）

い込んだところで、どうなるものでもありません。

昔も、そういうことはありました。「石油危機（オイルショック）」のときには、人々は、トイレットペーパーをたくさん買い込み、押《お》し入れに山積みしたりしました。そのため、物価が高騰《こうとう》して大変なことになった時代があったのです。

私の秘書は、その時代には生まれていない人たちではあるのですが、人間のやることは、だいたい似たようなものなのです。

この結論や方向が、これからの日本の方向になる

では、今、経営者として考えるべきことは何でしょうか。

あまり極端《きょくたん》に右往左往《うおうさおう》する必要はないと思います。

「比較《ひかく》的順調に行《い》っているところは、極端な影響《えいきょう》を受けはしない」と考えてはいます。三パーセント分、定価が上がるかたちにしているところであれば、三パ

ーセント分ぐらい、サービスをよくするなり、感じのよいイメージを打ち出すなり、少し努力を付け加えることが必要ではないかと思います。

先ほど述べたように、「定価を下げるところ」もあれば、「価格を据《す》え置き、増税分を吸い込むところ」もありますし、「外税表示をするところ」もあります。

例えば、語学雑誌では、従来は十八話収録していたものを二話減らして十六話にし、それによって三パーセント分を吸収しようとするところもあったりします。いろいろな工夫があるものです。

こういうやり方がよいのかどうかはよく分かりませんが、ほかのやり方だと、印刷コストや配送コストなど、いろいろなものに影響があるからかもしれません。そのように、それぞれ工夫をしているようです。

私のところ（幸福の科学出版）は、たいてい、千五百円から二千円ぐらいで理論書を売っているのですが、『忍耐《にんたい》の時代の経営戦略』（前掲《ぜんけい》）には、なんと、値

消費増税にどう対応すべきか

・定価を下げる。

・価格を据え置き、増税分を吸い込む。

・外税表示をする。etc…

↓

●極端に右往左往せず、増税分に見合う、少しの努力を付け加えることを考える。

段として一万円を付けているので、これを八パーセントの消費税で売ると、一万八百円になります。

（多くの人に読まれると、差別化がしにくくなるので）「なるべく買ってほしくない」というようなことを書いて、〝高い値段〟で売っているのです。

「買ってほしくない」と言って値段を高くしたら、どうなるか。今、それを〝実験中〟なのです。

「希少品」のほうが売れる場合もあります。

「買ってほしくない」と言っても、マスコミ関係者等は、みな、この本を読まざるをえなくなりますし、読むと、この本に基《もと》づいた判断が、いろいろなニュースや論評に出てくるようになるだろうと思います。「ほかの人はこの本をまだ読んでいないかもしれない」と思って書き始めるわけです。

最近は、いろいろなところで、「あれ？　これは私の意見だったような気がする」という記事が多くなってきて、困っているのです。ただ、それも、「私の教えが広がっている」ということなのでしょう。当会には、会費なるものはないのも同然であり、私の教えを信じているなら、信者といえば信者なので、当会の信者は無数にいるのです。

おかしいのは、私が霊言集《れいげんしゅう》を出した俳優や女優などが、当会の攻撃《こうげき》対象になっているようなメディアに、やたらと、広告やコマーシャルで出始めたりしていることです。「何か防衛作戦があるのかな」と思ったりもしていますが、関係なくやっているのかもしれません。

ただ、今の全体的な感触《かんしょく》として、当会は「トレンドリーダー的な面」を持っています。「幸福の科学から発信される結論や方向が、これからの日本の方向になるのだ」と見て、だいたい追随《ついずい》してくる傾向《けいこう》がもう出てきているのです。

ある意味では、私が言っていることを早めにキャッチしておけば、その方向で時代がついてくるようになるので、作戦は立てやすいと考えられます。

3　会社の規模相応の経営戦略を

「頭のなかに描《えが》いているもの」が、だんだん実現してくる

みなさんの会社の規模はそれぞれですし、経営論では会社の規模相応に考え方が非常に違《ちが》うので、難しいところはあるのですが、（前掲『忍耐《にんたい》の時代の経営戦略』を手に取ってページをめくりながら）この内容は、多くのみなさんの会社より、もう少し大きな会社でも通用するものになっています。

戦略が要《い》るレベルまで行くと、会社としても少し大きくなるので〝あれ〟なのですが、基本的には、「頭のなかに描《えが》いているもの」が、だんだん実現してくるものなのです。頭のなかで描くことができないものについては、そういうチャン

スが巡《めぐ》ってきても、なかなか、それをつかまえることはできないものなのです。

今、自分の会社が、数名や十名、二十名の従業員数が限度の会社であれば、五十人、百人、五百人、千人、あるいは、それ以上の従業員規模の経営の話を聞いても、ボーッとするところもありますし、そのまねをしたら〝やけど〟をする場合も、あることはあります。

しかし、「発展した場合には、どのように物事を考えるべきなのか」ということを、いちおう知っているのは大事なことですし、「心の底に、発展した場合の戦略を眠《ねむ》らせておく」ということも、大事なのではないかと考えています。

コンビニ業界は「レッド・オーシャン戦略」に近い

この本（『忍耐の時代の経営戦略』）に書いてあることは、みなさんの会社の多くより、もう少し大きな会社でも役に立つような内容が多いかと思うのですが、書いてあることを簡単に言うと、次のようになります。

普通《ふつう》、「値下げ戦略」や「テリトリー戦略」など、安売りや出店の競争等で、激しい血みどろの戦いをする戦略のことを、「レッド・オーシャン戦略」といいます。これは、「勝つか、負けるか」ということを同業種で争うものです。

どちらの味がよいか。どちらの値段が安いか。味と値段を合わせたなら、どちらが得か。

距離《きょり》を考えると、近いほうが便利だから、そこで買うか。遠くても、値段が安いなら、そちらのほうに行くか。

こういうことも含《ふく》めて、「どちらかが勝てば、どちらかが負ける」という戦いの場合、これは「レッド・オーシャン戦略」であり、〝血みどろの戦い〟によって〝血の海〟になります。

これは、いちばんすさまじい戦いですが、コンビニ業界はこれに近いのです。

コンビニはよく潰《つぶ》れますが、潰れたところに別のコンビニが入ってきたりするので、「実に厳しいなあ」と思います。

コンビニが潰れ、そこに別のコンビニが入ってくると、「いったい何が違うのだろうか」と思うことがあるのですが、やはり、「品《しな》揃《ぞろ》えや、ちょっとした接客の違いのようなものの差が出てくる」ということなのでしょうか。見事に、「同じ場所で同じ業種に入れ替《か》わ

「レッド・オーシャン戦略」と「ブルー・オーシャン戦略」

レッド・オーシャン

血で血を洗うような、競争の激しい既存市場のこと。一方が勝てば、もう一方は必ず負けるという状況。スーパーや観光地のホテル、コンビニ業界など。

レッド・オーシャン戦略の特徴

品質、品揃えで勝負する
労働時間を増やす
値下げ戦略
出店数を増やす

ブルー・オーシャン

ライバル（同業）のいない未開拓市場のこと。競争がないため、類似品が数多く出回る前にシェアを押さえてしまうことができる。10分1000円の理髪店など。

ブルー・オーシャン戦略の特徴

差別化
高付加価値
高利益

る」ということが起きるのです。

これについては、「そこの近所に住んでいる人たちの層が見えているかどうか」ということもあるのかもしれません。「学生が多い場所か。サラリーマンが多い場所か。年配の人が多い場所か」などということが、いろいろとあるのでしょうから、品揃え等においても、やはり微妙《びみょう》な感覚が要るのでしょう。

そのため、本部で全部を決めていると、そういうものが合わないところもあります。本部で決めているとおりに品揃えをしても、場所によっては合わず、違う品揃えをしなくてはいけないこともあるので、潰れて別の会社が入ってきたりするのです。本当に厳しいものです（注。ただし、セブン-イレブンの場合は、本社から品揃えを指示しているという）。

東京にいると特によく感じる「諸行無常《しょぎょうむじょう》」

単品で言えば、チョコレートなどを売る店であっても同様です。

以前、近所にそういう店ができたとき、私は、「この近くには、遠く埼玉《さいたま》県や千葉《ちば》県からでも買いに来る、老舗《しにせ》のチョコレート屋もありますが、ここは大丈夫《だいじょうぶ》ですか」と訊《き》いたことがあります。

その店の人は、「うちは渋谷《しぶや》でも勝っているのです。渋谷でも売れているブランド店なので、絶対に大丈夫です」と言っていたのですが、三カ月後には、その店はなくなっていました。私の言っていたことのほうが当たっていたわけです。「危ないのではありませんか」と言った店が見事に潰れてしまったのです。

立地条件はよいのに、一年のうちに何回も店が替わる所はたくさんあります。立地条件はよくても、「買い筋《すじ》の人は何を買いに来るか」の読みのところは難しく、自分たち本位で「こういうものが売れる」と思っても、実は売れないことがあります。

お客は、そこでは買わず、大きな街に出て買う場合もあるので、筋が合わないとなかなか厳しいのです。

そのような「諸行無常《しょぎょうむじょう》」を、東京にいると特によく感じます。まことに不思議です。

事業の成否は「統計的なもの」だけでは決まらない

したがって、「事業の成否は『一般《いっぱん》的な傾向《けいこう》』や『統計的なもの』だけでは決まらない」と考えたほうがよいと思います。

例えば、学校は、「人口が減っている」という状況《じょうきょう》のなかでは、事業としては一般的には下《くだ》り筋の事業だと思います。ただ定員を満たすことだけが目的なら、

事業の成否は「統計的なもの」だけでは決まらない

人口減少における教育事業は……

統計的に見れば → 下り坂事業

ニーズに応えて差別化すれば → 人気を集める

そういうことになります。

しかし、そういう状況であっても、「よい学校を求めている」というニーズは、いつもなくなりません。よい学校を人々が求めているのは間違いないので、「どのように、ほかのところと差別化していくか」ということを考え、それを実現できれば、当然ながら、人気が出るわけです。

このあたりは、やはり、「戦略の立て方」の問題だと思うのです。いちおう「オーソドックスな経営の仕方」は考えておかねばなりませんが、あまり極端《きょくたん》な工夫《くふう》までは行かないにしても、ちょっとしたところで、ほかとの違いを出していく努力が要るのではないかと思います。

4 「広告」に対する考え方

幸福の科学の「本の広告」は、ある意味での「意見広告」

（前掲《ぜんけい》の新聞広告を掲《かか》げ）このように新聞広告を打つのも結構なのですが、「自分で自分のところを批判してはいけない」けれども、一般《いっぱん》には、このような広告を打っても、効果はほとんどありません。これで本が売れることはまずないので、まねをしないでください。

これは、「本の新聞広告」のように見えて、実は、そうではないのです。単なる「本の広告」ではなく、ある意味での「意見広告」です。また、幸福の科学グループ全体の浸透《しんとう》作戦の一環《いっかん》でやっているものであり、幸福の科学が、グループとしていろいろなところに浸透していき、社会的な地位を得るためのものなのです。

そういう意図でやっているのであり、ただ単にまねをしたら、採算が悪くなって潰《つぶ》れるだけなので、気をつけてください。この点はご忠告申し上げておきます。

新聞広告やテレビのコマーシャル等は、一般には、ほとんど効かないと見てよいのです。あれは、企業《きぎょう》イメージのようなものを高めるためには役に立つことがあるのですが、ある程度、体力がついてこないと、それをやっても、実際には、かけたコストを回収できないのが普通《ふつう》です。

特に、テレビのコマーシャル料は、いまだにまだ高すぎます。チャンネル数は、いろいろなかたちで増えてはいるのですが、メジャーな局は変わっていないので、コマーシャル料がすごく高いのです。当会も、昔、テレビでコマーシャルを流したことがあるのですが、とてもではありませんが、採算が取れません。「三十秒当たり幾《いく》ら」という値段がものすごく高いのです。

あんなものにお金をかけるぐらいだったら、私が犬に噛《か》みついたほうが早いかもしれません。「大川隆法、東京駅前にて犬に噛みつく」という記事でも載《の》せたほうが（会場笑）、安くて、よほど宣伝効果が高い可能性があります。

広告以前の段階で大切になる「商売の原点」とは

そういう意味では、（新聞、テレビ等の）コマーシャルをするのは、いちおう「強者の戦略」です。ライバルとの競争のときに行う場合もあるとは思いますが、ある程度、「強者の戦略」なのです。

そうではなく、いちばん原初的で原始的なやり方が、好不況《こうふきょう》を問わずして生き延びるには大事なのです。

それは何かと言うと、来てくださるお客様一人ひとりの反応をよくし、満足していただき、「ここで買ってよかった」「ここのサービスを受けてよかった」と思う人の数をキープし、落とさないようにして、少しでも増やしていくようにすることです。

それから、「あそこは、よかったよ」と口コミで言ってくれる人をつくっていくことが、全般に経営的にはプラスに働いて、安定的な体質をつくることになります。

そういうところの場合、「規模の利益」が生じ、黒字がたまってきます。その上で、余力があれば、「シェアを取るために広告をかけて広げていく」ということは、十分に大きくなっていくための戦略として、次に必要なものでしょう。

しかし、一般に、「全然、客が来ないので、いっちょう打って出るか」と考え、広告をバンバン打ったりすると、結局は潰れることが多いので、これに気をつけてください。

まずは足元を固めなくてはいけません。まず、そのお店なり商品なりにお客がつき、人気が出なければ、広告をしても無駄《むだ》なことが多いのです。

ほかの人、外側の人の力を借りて広げようとしても、結局は、もう一段頭のよい人に、しっかりとお金を取られているだけになることが多いわけです。

頭のよい人たちが、「PRをしてさしあげる」とか、「もう少し広げる方法がある」とか言って、いろいろと寄ってきますが、それに乗って損をする人もけっこういます。

まずは、自分のところの商品やサービスを、お客様に少しでも満足してもらい、今まで来ている人には、これからも来ていただいて、さらに、その人たちが、「ここの商品は、これがよかった」とか、「このサービスがよかった」とか言ってくださるような感じをつくっていくところが、やはり「商売の原点」ではあるのです。

広告戦略と商売の原点

●新聞、テレビ等での宣伝は「強者の戦略」。
●自分のお店や商品に人気が出なければ、広告をしても無駄なことが多い。
●お客様に満足してもらい、リピーターや口コミを増やしていくのが「商売の原点」。

そのことを、どうか知っておいていただきたいと思います。

それを知った上で、少しずつ少しずつ、地味でもよいので、ほかとの差をつけていくことが大事です。

私は、イチロー選手をたとえによく出していますが、ゴロを打って一塁《るい》に出るよりは、ホームランをバンバン打ってくれたほうが、楽しいことは楽しいのでしょう。ただ、ホームランを狙《ねら》えば、三振《さんしん》も増えてきます。

そういう意味では、「一年を通しての自分の貢《こう》献《けん》度はトータルでどのくらいか」ということの計算は立つので、ホームランバッターを狙ったときにチームに貢献できる度合《どあ》いと、一塁に出続けることで貢献できる度合いとを計算し、「自分は、どちらのほうが、よりプラスを出せるか」ということを考えねばならないわけです。

「夢」を育てるには時間がかかる

本も、最近は、最初から大宣伝をしたものが必ずしも売れるわけではなく、妙《みょう》な本が急に売れ始めるなど、あとから急に人気が出ることも多いようです。「なかなか渋《しぶ》い感じでやっていながら、それを次第《しだい》にヒットの流れに持っていく」というのは難しいところかと思います。

『忍耐《にんたい》の時代の経営戦略』（前掲）には、秋元康《あきもとやすし》氏のＡＫＢ48の話も書いてありますが、ああいうものでも、ヒットするまでに五年ぐらい余裕《よゆう》を見ていたのです。

彼は「ＡＫＢが流行《はや》るまでに五年ぐらいはかかる」と最初から見ていました。

「秋葉原《あきはばら》で生《なま》で見られますよ」「ごひいきの方をスターにできますよ」というようなことを訴《うった》え、来た人が近くから〝かぶりつき〟で見てファンになるあたりから始め、「五年ぐらいしたら国民的なヒットになる」というところまで予想していたわけです。

ただ、このあたりのことは、なかなか、そう簡単にできるものではありません。ああいうヒットメーカーの場合、「五年ぐらいずっとやっていき、新しい歌を出し続けていくと、どこかでブレイクして、国民的に評判になる」ということが勘《かん》で分かるのです。

もっとも、五年間持ち堪《こた》えるだけの「資金力」と「信用」がないと駄目《だめ》なのです。

甲子園《こうしえん》風に、全国のいろいろな所から来た人を集め、素人《しろうと》を輝《かがや》かせて、日本中に知らせ、スターにしてしまう。

ＡＫＢの事例は、そのような夢をある意味で与《あた》えているわけですが、これは、「夢を育《はぐく》み、育てる間、少し時間がかかる」ということを意味してもいると思うのです。

こういうことが大事なのです。「今は、それほど単純ではなく、意外に老獪《ろうかい》な戦略が必要なのだ」と言っておきたいと思います。

5　「ブラック企業《きぎょう》批判」の問題点

「レッテルを貼《は》ったら、それで終わり」が最近の流行《はや》り

本章は、「経営戦略の転換《てんかん》点」という題での話なので、特に注意して言っておかなければならないことがあります。

それは、今、これからの企業《きぎょう》経営において注意しなくてはいけないことですが、政党のポスターとも関係のあることです。（幸福実現党の）釈《しゃく》党首のポスターには何も問題はありませんが、某《ぼう》政党のポスターには、「ブラック企業は許しません！」と書いてあります。「共《きょう》」という字が付く政党のポスターです（会場笑）。「ブラック企業は許しません！」というポスターを貼《は》るのは結構です。ただ、

この影響《えいきょう》を受けたのかどうかは知りませんが、テレビドラマなどの番組で、そうした傾向《けいこう》のものが増えてきつつあることを、今、私は感知しています（説法《せっぽう》当時）。

これは、ある意味で、気をつけないと本当に危ないのです。「レッテルを貼ったら、それで終わり」ということが最近の流行《はや》りなので、「ブラックだ」「ホワイトだ」などというレッテルを貼り、それで終わりにする恐《おそ》れがあります。

何か事故が起きたり欠陥《けっかん》品が出たりして、そのようになる場合もあるかもしれませんが、同業他社からそうした批判を仕掛《しか》けられることもありますし、成功しすぎているために嫉妬《しっと》され、いろいろなところから、そういう批判をされる場合もあります。

ブラック企業批判のようなものは、一見《いっけん》、簡単なので、人々に受け入れられやすく、流行ってしまう傾向があります。そのため、「ブラックか、ホワイトか」というかたちでけっこう分けられるのですが、ここは「堪《こら》えどころ」であり、「気をつけないと会社を潰《つぶ》す可能性がある部分だ」と見てよいと思うのです。

一代で大きくなった会社には「ブラック的な面」がある

強い会社ほど、やはり、社員は熱心に働いていますし、長時間労働に耐《た》えています。汗《あせ》をかき、智慧《ちえ》を絞《しぼ》っています。社長も同じ状態だと思います。

これを一言《ひとこと》で「ブラック企業」などと言われると、急に怯《ひる》むことは怯むでしょう。やる気がなくなってきますし、「世間《せけん》のイメージをよくしなくてはいけない」などと考え始めるのです。

しかし、創業し、一代で大きくなった会社で、今の定義での「ブラック的な面」がなかったところなどありません。

ビル・ゲイツ氏のところ（マイクロソフト）も、はっきり言えばブラックです。

彼の守護霊《しゅごれい》が『逆転の経営術――守護霊インタビュー　ジャック・ウェルチ、カルロス・ゴーン、ビル・ゲイツ――』（幸福の科学出版刊）で話していましたが、マイクロソフトという会社は、最初は、本当にもう、マイクロというか、ミクロという感じで、社長自《みずか》ら、ジーパンを穿《は》き、寝袋《ねぶくろ》で会社に寝泊《ねと》まりをしていたのです。

掃除《そうじ》のおばさんが来たときに、彼は床《ゆか》でゴロゴロ寝ていたので、アルバイト学生と間違《まちが》われ、「俺《おれ》、社長なんだけど」と言ったことがあるそうです。

家に帰れないような状態のなかで、趣味《しゅみ》の延長であるかのように、学生サークルのノリでやっていたようなものが、あのような大会社になっていったのです。

アップルとの競争でも、「アップルの技術を盗《ぬす》んでソフトをつくり、それを売った」というようなことがテレビ映画で描《えが》かれたりしていましたが、そういうことも実際にあったかもしれないので、はっきり言って、ブラックといえばブラックです。

しかし、新しい小さな会社が大きくなるまでの間には、いろいろなことをけっこうやっているものなので、それには、しかたがない面もある程度はあると思うのです。

大企業《だいきぎょう》のやり方をまねると、経営が傾《かたむ》くこともある

特に二代目や三代目に多いのですが、次のようなことがあるので、気をつけなくてはいけません。

一代で苦労して会社をつくった人が、「自分の子供には、もう少しよい勉強をさせよう」と思って、よい大学へ出し、一流企業《きぎょう》に勤めさせたりする場合があります。

そうすると、超《ちょう》一流企業の〝百年企業〟の場合、「福利厚生施設《しせつ》がきっちりと

完備しており、土日には休みをきちんと取れ、定時に帰っても何も問題はなく、定時以降も残る場合には残業手当がピシッと出る」というかたちになっているところが多いのです。

そのような会社に勤めていた二代目が、親の会社に跡継《あとつ》ぎで来ると、前の会社のやり方をそのままやってしまい、たちまち経営が傾《かたむ》いていくこともあります。

このあたりは気をつけなくてはいけないところなのです。高学歴の人や大企業経験者を採れば会社が発展するかといえば、意外にも、必ずしもそうとは言えない部分があるので、気をつけてください。

実戦で経験してきたことの延長上に、ある程度、会社の将来を考えておかないと、失敗することがあります。

特に、大きな会社から移ってきた人には、経費先行型の考え方をしたり、予算がどこかから降ってくるように思ったりしている人が非常に多いのですが、そういう人は、「会社全体の巨大《きょだい》な予算は、いったいどこから出てきているか」ということがよく分からないので、自分のところの予算枠《わく》だけで物事を考え、仕事をするのです。

しかし、予算はどこかから降って湧《わ》いたりするわけではありません。赤字部門の場合には、財務部門が銀行から借りたお金や、利益を出している部門が稼《かせ》いだお金を、割り当てで使わせていただいているのです。そういうことをトータルで見ている人がいるから、赤字部門であっても仕事をやれているだけなのです。

「ブラック企業」を「黒字企業」と考えてみる

「ブラック企業叩《たた》き」系統の動きは、まだもう少し出てきそうな気がします。一生懸命《いっしょうけんめい》やっているところほど、やられやすいと思いますが、批判を上手《じょうず》に受け止めて、ダメージを受け流し、信念を持って会社を大きくしていかなければ駄目《だめ》だと思います。
ここのところで、あまりぐらつかないでいただきたいのです。

ブラック企業として批判を受けたら、「これは『黒字企業』という意味だな」と勝手に思って（笑）、「ええ、そのとおりです。うちはブラックです。もう黒字がずっと続いております。『黒字企業』のことを、『ブラック企業』と言うのでしょう？　うちはレッド（赤字）企業ではありません。ブラックです。黒字です」と言うぐらい、開き直らなくては駄目です。

あまりにも人がよくて、「はい。そうですね。みんな、もう、仕事ではそんなにきついことはしなくてもいいんですよ。そんなに熱心に売らなくてもいいんですよ。開発は、気が済むところまでお金を使い、ゆっくりやってください」と言う、〝仏様〟のような経営者だったらうまくいくかというと、そんなことはありません。

ブラック企業批判の注意点

- 「ブラック企業批判」に経営者は怯《ひる》むかもしれないが、気をつけないと会社を潰《つぶ》す危険がある。
- 一代で大きくなった企業は、どこもブラック的なところがあった。
- ブラック企業とは、“赤字・黒字”の意味での「黒字企業」のことだと考え、「厳しい目」を持つことを忘れない。

本当に「大《だい》の虫《むし》」を生かそうと思ったら、やはり、「厳しい目」を持っていないといけないのです。

6 「神仏への奉仕《ほうし》」として社会に貢献《こうけん》せよ

安倍《あべ》政権が目指す「大きな政府」の行き着く先

私が言いたいことは何かというと、次のようなことです。

今、安倍《あべ》政権の向かっている方向には、よいところもあるのですが、経済的な面においては、どちらかといえば、「大きな政府」を目指しています。

したがって、「あちこちで会社がたくさん潰《つぶ》れたあと、失業者たちに社会福祉《ふくし》のような保障をする」ということを考えたり、「老後の生活が立たない人たちを、どうやって社会保障的に救うか」ということを考えたりする傾向《けいこう》が非常に強く出てきています。

「大きな政府」を目指す安倍政権と、「小さな政府」を目指す幸福実現党

大きな政府

社会福祉の充実や所得の再配分などを強めていく考え方。社会主義政府に近づく傾向がある。

安倍政権に見る「大きな政府」志向

- 社会保障と税の一体改革（消費税増税、相続税の強化など）。
- 同一労働・同一賃金の法制化。
- 農業や医療、教育など、さまざまな分野で続けられる補助金行政。

小さな政府

政府の権限をできるだけ小さくして、民間による自由な競争によって経済成長を目指していく考え方。

幸福実現党に見る「小さな政府」志向

- 5%への消費税減税、将来的な消費税廃止。相続税や贈与税の廃止。
- 大胆な規制緩和によって、都市開発や農業、医療、教育など、あらゆる分野での自由な経済活動を促す。
- 銀行の自由な融資判断を阻害する金融庁の廃止。

しかし、これの行き着く先、次の段階は「北欧《ほくおう》型の社会」であり、「やる気はないけれども、何となく天国的に生きているような気持ちになっている、発展感のない社会」ができる可能性は極《きわ》めて高いと言えます。

特に、この二十年間、日本の経済成長は止まっているので、そのような社会に移行する可能性が極めて高いのです。

そのような、「失業者をたくさん出し、政府が、お金のたくさんあるところから税金を集め、それを再配分して、働かない人たちにお金をたくさん出し、面倒《めんどう》を見てあげたり、病院に行かせてあげたりするような社会が、理想的な社会だ」という考え方を持つのは危険です。そのことを知っていただきたいと思います。これは危険なのです。

そうではなくて、やはり、それぞれが事業や会社を起こし、その会社で黒字を出して会社を発展させていき、雇用《こよう》を生んで、新しい人を採用でき、その人と家族が生活できるようにしていかなくてはなりません。

会社が黒字を出すようにし、経営を発展させ、いろいろな人たちを養《やしな》っていけて、その人の家庭がうまく回っていけるようにしていくことが大事です。

そうすれば、政府から、「税金を集めて、ばら撒《ま》く」というスタイルの仕事が減っていくはずです。

企業《きぎょう》が黒字を出して発展し、新しい雇用を生むこと、要するに「失業者を採用する」ことが大事なのです。

今、高校や大学の卒業生たちが、なかなか就職できないでいます。あるいは、「途中《とちゅう》で失業したりして、〝ネットカフェ難民〟となり、母も娘《むすめ》もネットカフェで寝泊《ねと》まりをしている」という家族のことを、ＮＨＫがテレビ番組で流したりしていますが、それを何とかするのが社会の義務であるかのように言いすぎるのは、問題です。

要するに、「そちらのほうに税金をつぎ込《こ》め」と言っているのだと思われますが、そういうやり方をするのではなく、雇用を生める企業を育てなくてはいけないのです。その意味では、「黒字を出し、発展している企業、勢いのよい企業が出ることは、社会の救いになるのだ」と思わなくてはいけません。

「職がない、あぶれた人たちを、どうするか」という観点もあるかもしれませんが、逆に、プラスの部分を強く出していくことで、そういうものを消していくことが必要です。「光」を強くすることで「マイナス」を消していけることがあるのです。

「黒字」を出してこそ、会社は生き残ることができる

その意味では、会社には、ピーター・ドラッカーが言っているように利益が要《い》ります。利益の部分を、キリスト教的に考え、イエスが言ったように「単なる

悪」と思うのではなく、「利益は、会社を維持《いじ》し、発展させるためのコストなのだ」と考えなくてはなりません。これを忘れないようにしていただきたいと思います。

会社は「黒字」を出さなければ駄目《だめ》なのです。黒字を出してこそ、会社は生き残ることができ、失業者を出さないで済みます。自分のところもそうですが、ほかの人も路頭に迷わせないで済むようになるわけです。

反対に、「大きな会社が自分たちの自主的な経営によって発展できる」というマネジメントの成功がないところだと、完全に全体主義の支配下に入り、一人の独裁者による全体主義支配がやってきます。

その意味では、企業家が頑張《がんば》らなくてはいけないのです。

いくら、マスコミや同業他社、あるいは、うまくいっていないところから、嫉《しっ》妬《と》の思いで批判されることがあっても、負けては駄目です。「自分の会社が発展

企業を「黒字化」させる、経営トップのあるべき姿とは

「自らに厳しくあれ。脇を引きしめよ。無駄な経費は削れ。しかし、それでも、会社は生き残れまい。（中略）逆風下でも前進するヨットのように一筋の『商機』に『勝機』を見出し、高付加価値企業を練り上げることだ」（「あとがき」より）

「幸福の科学的経営論」として、マネジメントの17ポイントを公開。社長自らが成長していく道を徹底的に追究した一冊。

『社長学入門』（幸福の科学出版刊）

「ビジネス・エリートや、起業家、経営者は、本書一冊を熟読することで会社の倒産を未然に防げるだけでなく、『未来への一手』を確かに掴むことだろう」（「あとがき」より）

デフレ基調の時代でも、「黒字体質」をつくる経営戦略はある。リーダーはいかに意思決定すべきか、経営担当者をどう育てるかなど、個人の限界を超えて組織を発展させる方法が明らかに。

『未来創造のマネジメント』（幸福の科学出版刊）

「『挑戦』『忍耐』『精進』のたえざる繰り返しが『経営』である。景気にかかわらず、常に『逆境』はある。しかし、トップの誇りもそこにある」（「まえがき」より）

「ソフトウォーの時代」を生き残るためには、とにかく新しい価値を発見し、創造すること。そのための異次元発想法と、自己研鑽の指針が数多く示されている。また、経営者が家庭問題を乗り越えるためのヒントも必見。

『経営とは、実に厳しいもの。』（幸福の科学出版刊）

していくことは、社会正義にも適《かな》うし、国の将来にも役に立つし、よいことなのだ」と考え、それを強く願わなければいけないのです。

その意味では、「赤字企業が七割もある」という状況《じょうきょう》は、やはり、よいことではありません。赤字企業は法人税は払《はら》わなくて済みますが、基本的には、発展性はなく、潰れる予備軍です。

「赤字企業が七割」ということであれば、銀行もなかなか融資《ゆうし》ができません。

企業にとって、黒字化していくことは、「天命」というか、「使命」なのです。

その意味では、「『黒字化する』という意味での〝ブラック化〟をしなければ駄目だ。何がなんでも黒字化していくことが大事なのだ」と考えていただきたいのです。

もちろん、無駄なお金を使わず、節約をするのは大事なことですし、利益を生む高付加価値の商品やサービスをつくれるのなら、そのために頑張ることも大事です。そのように、会社において社会的な使命を全《まっと》うしようと努力することが大事なのです。

その意味で、経営者の理想や情熱が本物かどうか、試《ため》される時期が来ているのだと言えます。

「信仰心《しんこうしん》」を持ち、「より高貴なもの」のために経営努力を

当会においては、一般《いっぱん》的な経営理論だけではなく、やはり、「信仰心《しんこうしん》」というものを一つカチッと持っていなくてはなりません。

経営者が、「『より高貴なもの』のために経営努力をしているのだ。そして、自分が大《だい》を成した暁《あかつき》には、だんだん、社会へ還元《かんげん》し、世間《せけん》を善ならしめるための一助になりたいと願っているのだ」というような気持ちを持って経営していれば、批判等に耐《た》えられると思いますし、それは、ビリビリと帯電していくような感じ

で、教育熱として、従業員にも必ず伝わっていくと思うのです。

従業員全体に、「ブラックだ」とか「ホワイトだ」とか、「うちの会社はブラックだなあ」「ホワイト企業は、いいな」などというようなことばかりを議論させるようになっては駄目です。

それに対してはトップの「使命感」や「情熱」、それから、やはり「信仰心」、そして、「神仏に対するご奉仕《ほうし》として、社会的な貢献《こうけん》をしようとしているのだ」という気持ちが強くあったら、「ブラックかどうか」などという議論を消していけるのです。ここは強く言っておきたいと思います。

人間を鍛《きた》え上げ、「社会の公器」に変える企業《きぎょう》となれ

社会福祉も大事ですが、私は、人間や家庭が〝故障した車〟のようになっていくことばかりを考えるのは、あまり好きではありません。

できるだけ自分たちの力で人生を再建し、会社を再建できるような世の中につくり変えていくことが極めて大事です。

同情心は非常に美しいものではありますが、「同情心がずっと継続《けいぞく》するような社会」をつくったら、「誰《だれ》も救うことができない世の中」になっていきます。

私の一冊の本のなかには幾《いく》つかのヒントが必ずあります。そのなかで自分なりに役に立つところを活《い》かし、どうか、気にせずに黒字の〝ブラック企業《きぎょう》〟をつくってください。

よそが「ホワイト」と言って、「あまり働かなくてもいいんですよ。楽であっていいんですよ。うちは、一切《いっさい》いじめのない、楽な会社です。仕事中に遊んでいてもいいし、病院だろうが、歯医者だろうが、散髪《さんぱつ》屋だろうが、好きなように、どこにでも行っていいてください」と言うようなところが、いいように見えるかもしれません。

人間は、そういうかたちで甘《あま》くされると、うれしいような気持ちにはなるのですが、結局、「長い目で見たら、自分を鍛《きた》え上げ、社会の公器、公《おおやけ》の器《うつわ》に変えてくれる企業が、本当は、自分をつくってくれ、世の中の役に立つ人間に変えてくれるのだ」と期待しているところもあるのです。

そこを伸《の》ばしていくことが大事なのです。

今のトレンドとして、そこが次の争点で出てくると予想します。「ブラックか、ホワイトか」の議論は、要するに、「社会が、共産主義化するかどうか。唯物論《ゆいぶつろん》化するかどうか」という問題に必ずなってきます。どうか、これに負けないでください。世間はレッテルを簡単に貼《は》りますが、それに負けないでいただきたいのです。

これを一言《ひとこと》、付け加えておきたいと思います。

◆第1章のポイント◆

□デフレ脱却《だっきゃく》を目指しているときの「消費増税」は愚策《ぐさく》。

□幸福の科学から発信される結論や方向が、日本の方向になる。早めにキャッチすれば作戦は立てやすい。

□コンビニ業界の「レッド・オーシャン戦略」を見て、経営における「諸行無常《しょぎょうむじょう》」を感じ取れ。

□店や商品にお客がつき、人気を得ることが「商売の原点」。それをせずに、広告を出しても無駄《むだ》である。

◆第１章のポイント◆

□「ブラック企業《きぎょう》」批判を恐《おそ》れるな。「うちはブラック（黒字）企業です」と開き直れ。

□企業にとって、黒字化していくことは「天命」「使命」である。会社が発展していくことは社会正義に適《かな》い、国の将来にも役に立つ。

□経営者は、「信仰心《しんこうしん》」を持ち、神仏への奉仕《ほうし》として、社会的な貢献《こうけん》をせよ。

第2章

危機に立つ経営

――乱気流の時代の情報戦略――

二〇一二年一月五日　説法《せっぽう》

東京都・幸福の科学総合本部にて

1　情報感度を高めよ

危機の時代に「経営者が持つべき考え方」とは

本章には、少し厳しめのテーマではありますが、「危機に立つ経営」という題を立てました。現代のような危機の時代において、経営者や経営幹部の人々が持つべき考え方や心構え等について述べていきたいと考えています。

「これからの時代は、おそらく厳しい時期が続くだろう」と予想されます。政治や外交面、あるいは経営や経済的な面において、さまざまな厳しい事態が起きることも予想されます。戦争等もあるかもしれません。また、何らかの自然災害が、あちこちの地域を襲《おそ》うかもしれません。非常に不安定な要素が数多く隠《かく》されているように思います。

そのような状況《じょうきょう》において、会社を舵取《かじと》りする者は、身の引き締《し》まる思いをしていることでしょう。

特に、昨今は、政治的に不安定な要素がそうとうあるため、自分の会社や業界のなかのことだけを考えていても、そのとおりにならない面があります。政治的状況が変動したときには、仕事の枠組《わくぐ》みもガラッと変わることがあるのです。

それは、政変が起きる場合などもそうですが、そこまで行かなくても、例えば、現在進行形で増税路線へと進んでいます。今後、増税に向けて、着々と、粛々《しゅくしゅく》と進んでいった場合、「わが社の経営や業界は、どのようになっていくのか」ということを教えてくれるテキストのようなものは、もはや存在しないのです。

したがって、各自が勉強をし、自分の全知力、全能力、全精力を絞《しぼ》り、考えに考えて、生き抜《ぬ》いていかなければなりません。そこに、「完全な答え」というものはありませんが、それでも、努力する者は、少しでも悪い結果を免《まぬか》れ、他の者よりも、わずかでもよい結果を残すことが可能になるのではないでしょうか。

〝乱気流時代〟においては「情報に対する鋭敏《えいびん》さ」が重要

さて、「危機に立つ経営」について述べるに当たり、まず初めに、「これからの時代のイメージ」として、特に述べておきたいことがあります。それは、「情報の重要さ」です。「これからの時代は、〝乱気流時代〟という言葉で収まるかどうかも分からないような時代になる」と思われます。そのため、経営に携《たずさ》わる人にとっては、「情報に対する鋭敏《えいびん》さ」が重要になります。

情報とは、さまざまな内容が複雑に関係し合い、矛盾《むじゅん》したかたちで発信されるものです。「一つの情報ですべてが動く」というものではありません。

したがって、そうした多様な情報を受けるなかで、「自分としては、何を取り、

乱気流の時代では「情報に対する鋭敏さ」が重要

●矛盾して発信される情報のなかで、「選び取るべきもの」と「捨てるべきもの」を分け、他人より早く、未来の方向性をつかむこと。

●情報は、「必要がある」と思えば、それに合わせたものが集まり、必要を感じなければ集まらない。

何を捨てるか。何を感じ取り、いかに〝匂《にお》い〟をかぎ分けるか」という感度が大事です。「選び取るべきもの」と「捨てるべきもの」とを分け、さらに、世の中の動きを他の人よりも少しでも早く察知し、未来の方向性をつかむことが非常に大事なのです。

今のように、外部環境《かんきょう》が変転していく時期には、会社の社長や重役であっても、内部管理ばかりしていては、やはり駄目《だめ》です。下にいる者よりも高い見識を持ち、いち早く環境の変化を見抜くことに対して責任感を持たなければいけません。

「必要がある」と思えば、それに合わせたものが集まってきますが、必要を感じなければ集まってきません。まず、そのことを知ってください。

本章のテーマは「稲盛和夫《いなもりかずお》氏から相談を受ける夢」がきっかけ

本章のもとになる説法《せっぽう》を行《おこな》う日の朝、私が見た夢のなかに、どこかで見たことのある顔の人が出てきました。私たちは、当会の精舎《しょうじゃ》のような、そうでないような建物を一緒《いっしょ》に見て回りながら、「ここの使い方がどうだこうだ」と議論をしていました。向こうからアドバイスをされたり、こちらから意見を言ったりしながら、あちこち視察するような夢でした。

そして、目が覚めてから、「知っている人だったような気がするが、あれは誰《だれ》だったのだろうか」と、じっくりと思い出してみると、どうやら稲盛和夫《いなもりかずお》氏だったようです。ただ、夢のなかでは、現在よりも若い四十代ぐらいの顔だったため、すぐにはピンとこなかったのです。

それにしても、「私のところに稲盛氏が来て、いろいろな話をしたらしい」と思うと、不思議な感じに打たれました。

そのため、「『稲盛氏が夢に出てきた』ということは、経営についての話をする必要があるということかな」と思い、もともとは別のテーマで説法をする予定だったところを、急遽《きゅうきょ》、経営の話に変更《へんこう》することにしたのです。

稲盛氏は、経営危機に陥《おちい》っていたＪＡＬ《ジャル》の代表取締役《とりしまりやく》会長に就任し、経営の立て直しに取り組まれました。当時のＪＡＬには労働組合が八つもあり、揉《も》めているような状態でしたが、稲盛氏は、およそ一万六千人の人員を削減《さくげん》し、不採算路線を廃止《はいし》して、あっという間に黒字転換《てんかん》に持っていったのです。

それらは、「外部から来た人間」だからこそできたことでもあるでしょうが、「さすが、名経営者といわれるだけのことはあるな」とは思っていました。

その日の朝は、「そういった考え方について少し言う必要があるか」と思ったのですが、朝食後、日経新聞を読んでいると、「ZAITEN《ザイテン》」という雑誌の広告が出ていました。そこには、稲盛氏の写真入りで、「JAL自主退職が止まらない『稲盛教団』の異常経営」という記事の見出しが載《の》っていました。おそらく、稲盛氏は、前日のうちに入手していたと思われます。

そのような記事が掲載《けいさい》されたということは、採算上は黒字になっても、経営手法の違《ちが》いによる問題が出ているのでしょう。

「京《きょう》セラ」のようなセラミックメーカーと、「第二電電《でんでん》」という情報通信系サービス企業《きぎょう》の経営を経験した人であっても、その経営手法で、接客中心のサービス業である航空会社の経営をすることには、やはり、多少の違いがあったようです。その広告の見出しを見て、「財政面では黒字になったが、内部の不満が止まらないのかな」というような印象を受けました。

稲盛氏が私のところに来た理由も、このような記事が出たために相談に来られたのだと思われ、「私も、頼《たよ》りにされるようになったものだな」と感じました。

昔、南原宏治《なんばらこうじ》氏（当会の元本部講師で俳優。二〇〇一年に帰天《きてん》）が、京都にある京セラ本社へ行き、稲盛氏に、「ぜひ、大川隆法と会ってほしい」と交渉《こうしょう》したことがあったそうで、稲盛氏も、「会ってもいいですよ」と言っていたようです。

ところが、私は、その話を事前に何も聞いていなかったため、予定の調整がつきませんでした。結局、南原氏は、「『会わせる』という話をしたが、忙《いそが》しいので、お会いする時間が取れない」とお断りしに行ったのですが、稲盛氏のほうは、「恥《はじ》をかかされた」と言って、カンカンに怒《おこ》っていたそうです。

その後も、稲盛氏と縁《えん》のある当会のリーダー信者が、何度も私と会わせようとしたことがあったようですが、そのままになっています。

稲盛氏は、いったん退職されたときに、禅宗《ぜんしゅう》の在家得度《ざいけとくど》を受けるなど、すでに、「有《う》」の状態になっていて、〝満腹〟しているようでしたので、「今さら幸福の科学の信仰《しんこう》に目覚めることはないだろう」と思われましたし、私も、時間が惜《お》しいので、当時はあまり深入りしませんでした。

しかし、先年出した『松下幸之助《まつしたこうのすけ》 日本を叱《しか》る』（幸福の科学出版刊）のなかで、「ＪＡＬを再建できる人だったら、今の日本の首相ができる」というようなことが言われていたので、そのことを稲盛氏も覚えていて、私のところに来たのかもしれません（注。本法話《ほうわ》の後《のち》、二〇一三年五月に『稲盛和夫守護霊が語る 仏法と経営の厳しさについて』〔幸福の科学出版刊〕を発刊した）。

そのようなことが、本章のテーマを説くための一つの皮切りになりました。

このように、多少は、いろいろな人への影響《えいきょう》といいますか、頼りにされている面が出てきているのだろうと思います。

「一人十万円使おう」と勧《すす》める当会に影響《えいきょう》を受けた宝島社《たからじましゃ》の新聞広告

また、その日の日経新聞には、もう一つ、目を引く広告が載っていました。それは、見開き二ページを使って、「君よ、散財にためらうなかれ。君の十銭《せん》で浅《あさ》草《くさ》が建つ」というコピーを打った全面広告です。

「いったい、どこがこんな珍《めずら》しい広告を出したのだろうか」と、関心を持って読むと、それは宝島社《たからじましゃ》という出版社の広告でした。

そこには、「1923年、関東大震災《だいしんさい》後の浅草《あさくさ》には、そんな看板が立てられたという。それから驚《おどろ》くべき速さをもって、東京は世界規模の大都市となった。働いて、稼《かせ》いで、そしてつかう。そんな十銭たちが経済を回し、東京は復興していったのだ。あの時の看板は、今でも正しい。土地も資源もない国は、お金で生きていこうじゃないか。日本人よ、散財にためらうなかれ。君のお金で国が建つ。」

という説明文と共に、関東大震災で焼け野原となった浅草公園周辺の写真が載っていました。

「当時、『十銭を使おう』という運動があって、東京は復興したのだ」ということが書かれていたわけです。

実は、この広告が出る前年の十二月に、私は、『国家社会主義への警鐘《けいしょう》』（幸福実現党刊）という対談の新刊書籍《しょせき》の広告を新聞に出していました。その広告には、「『国民一人あたり10万円の消費支出』で日本の経済成長率は3.5パーセントに。それでデフレは解消／景気回復／税収アップ／財政赤字縮小が実現！」という要点を出しました。

この「関東大震災後の十銭」は、当会が出した「一人当たり年間十万円」という考え方に通じるものがあります。その出版社の上層部の誰かが、当会の広告を

「増税しなければ財政破綻する」という嘘を看破する。
『国家社会主義への警鐘』
（幸福実現党刊）

見て、「ああ、これだ」と思ったのかもしれません。

今回、一出版社が、新聞の見開き二ページ分も使い、本の宣伝ではないものに〝散財〟してまで、このような大広告を出したわけですが、これは、本来ならば、内閣府の広報室が出すべき内容だと思います。普段《ふだん》から変な特集をしている出版社なので、義憤《ぎふん》や正義感に駆《か》られたのかどうかは分かりませんが、珍しい経営担当者がいるのでしょう。

この出版社には、当会も、ほめられたり悪口を言われたりと、さまざまな記事を書かれてきましたが、今回、このような広告を載せたことには、おそらく、当会の影響《えいきょう》が出ているでしょう。

このように、当会の発信しているものが、いろいろなところに影響し始めてい

2011年12月30日付産経新聞掲載の『国家社会主義への警鐘』広告。

るのです。

「北朝鮮崩壊《きたちょうせんほうかい》」という当会の発信に乗って特集記事を組んだ講談社

それから、二〇一二年の新春に発刊された「週刊現代」（一月二十一日号）では、「北朝鮮《きたちょうせん》はまもなく崩壊《ほうかい》する　金《キム》王朝『滅亡《めつぼう》』の全情報」という特集を組んでいました。

発刊元の講談社は、十年ほどの長い間、当会と戦ってきた相手であり、敵あるいはライバル関係にあった出版社ですが、そこの雑誌記事においても、その直前に載せていた、当会の『北朝鮮──終わりの始まり──』（幸福実現党刊）という新刊書籍広告の要点を持ってきて、それに便乗《びんじょう》してきたかのような内容を出しているのです。

もちろん、その記事の取材内容は、出版社独自にされたものなので、すべてをまねしているとまでは言いませんが、少なくとも、当会が本書をリリースしたことに反応し、掲載する際の指針にしたことと思われます。

かつては敵あるいはライバルだった出版社ではありますが、幸福の科学の実力をよく知っているのでしょう。「幸福の科学がそう言うのなら、そうなのだろう」ということで、当会の考えに乗ってきているような状態なのです。

過去の関係は別にして、現在、この出版社とは平和状態にあることもあり、「主張が当たるか当たらないか」ということに関しては、やはり、ジャーナリストとして、当会の考えに乗ってきているのだろうと思います。

このように、今、当会の発信しているものがいろいろなものに影響を与《あた》え始めており、それらが、また、相互《そうご》に影響を与え合ったりしているわけです。

2　情報を収集し、分析《ぶんせき》せよ

新聞の一面記事や雑誌広告の見出しから「世相の変化」を感じ取る

経営者の人々は、「今、世の中が、どういう〝空気〟で動いているのか」ということを、よく見なければなりません。

では、どのようにして空気を読めばよいのでしょうか。

もちろん、さまざまなニュースのすべてを総合すれば分かるのでしょうが、だいたいにおいて、新聞の一面記事の見出しなどは、世の中の空気に大きく影響《えいきょう》していますし、新聞に掲載《けいさい》される週刊誌広告なども影響します。

週刊誌自体はほとんど読まれていなくても、新聞の下のほうに打たれた広告を見ている人の数は、実際に週刊誌を読む人の十倍、二十倍以上になります。こうした広告の見出しが、けっこう世の中の空気を動かしているところもあるのです。また、もちろん、テレビなどでも、ときどき刺激《しげき》的な番組を放送して影響を与《あた》えることがあります。

そのあたりの情報をジーッと見て、総合的に考えなければいけないわけです。

私は、どちらかといえば、活字のほうが好きなタイプなので、テレビはあまり観《み》ません。観る番組は、ほとんどが外国のニュースで、英語のものが多いのですが、日本語の番組も、たまにニュースを観たり、大事と思われる特集番組などを録画して観たりしています。

このように、「今、どのように世相が変化しているか」ということを、ジーッと見ていくわけです。

ドラマ「家政婦のミタ」の高視聴率《しちょうりつ》に見る世間《せけん》のニーズ

例えば、以前に放送された「家政婦のミタ」というテレビドラマなどは、普段《ふだん》の私であれば絶対に観ないような番組です。

しかし、新聞に、「瞬間《しゅんかん》最高視聴率《しちょうりつ》三十一・五パーセントを記録した。次は、二〇〇一年の木村拓哉《きむらたくや》主演のドラマ『HERO《ヒーロー》』が記録した視聴率を十年ぶりに超《こ》えるかが注目されている」という記事が載《の》っていたため、「これはおかしい。世の中で何が流行《はや》ろうとしているのだろうか」と思い、私は、すべての映像を取り寄せ、ザーッと観ていきました。

結局、このドラマは、最終回の平均視聴率が四十パーセントを記録しましたが、やはり、これは少し異常値です。

そのようなものを見て、「これは、いったい何を意味しているのだろう」という問題意識を持ち、「今、何が人々の注目を集めているか。世間《せけん》は何を求めているか」を感じ取っていくことが大事なのです。

「韓流《ハンりゅう》スターの紅白歌合戦出演」に日韓《にっかん》文化の違《ちが》いを読み取る

さらに、年末の「紅白歌合戦」では、三組の韓流《ハンりゅう》スターが出演して歌っていましたが、「あれ？　韓国《かんこく》では大晦日《おおみそか》に何もないのだろうか。自分の国で歌わなくていいのかな」と思いました。韓国でも歌のニーズはあるはずなのに、彼らが日本の歌番組に生出演し、日本語で歌っている姿を見ると、「これはどういうことなのだろうか」と疑問に感じるわけです。

韓国では、「日本の文化に染まると堕落《だらく》する」との理由で、長らく、「日本文化の輸入を厳しく締《し》め上げ、制限する」という国策を取ってきました。一方、日本では、涙《なみだ》を流して韓国ドラマを観るような「韓流ブーム」が起き、韓国のスターをよく観ていたわけです。

ただ、おそらく、韓国政府が規制をかけていても、民間の個人レベルでは、日本のスターの活躍《かつやく》などを観ていたのだろうとは思います。

そして、少し古くなりますが、「東京で注目されると、世界的スターになれる」という道筋《みちすじ》ができたのは、「冬のソナタ」のペ・ヨンジュン以来でしょう。そのように、世界的スターになれる道があることを知られたため、韓国の芸能人も、日本の番組に出てきたがるのだと思われます。

そのあたりのことで、「政治的なバリア」や「民間とのずれ」があるようなことが分かるわけです。

また、日韓のスターを比べれば、韓国の「少女時代」などは、やはり、セクシーで美人です。韓国の芸能人の場合、大人っぽくないと駄目《だめ》であり、美人で背が高く、セクシーなメンバーを並べて、歌や踊《おど》りを演じるのです。一方、日本では、

「ＡＫＢ48」をはじめとして、出てくる芸能人が〝子供〟ばかりです。なかには「平均年齢《ねんれい》十三歳《さい》」などというグループや、小学生も入っていると思われるグループもあるようですが、子供っぽいメンバーが歌や踊りをするわけです。

このあたりの違《ちが》いなどをジーッと見ていると、「何が違っているのか。何を次のターゲットとして見ているのか」と感じるものはあります。「どちらがどちらに影響するのか」「勝つか、負けるか」というようなことを、私も見たりしています。

このように、経営者にとっては、さまざまな世相を見ながら、「なぜだろうか」と思い、変化するものについては、それを引き比べながら見ていくことが非常に大事です。ボケッとしていてはならないのです。

「外国のニュース」で見えてくる世界各地の今

それから、私は、CNNなどで外国のニュースをよく観ています。

例えば、最近のニュースでは、有名になったブータンのことを報道していました。ブータンの国王夫妻《ふさい》をはじめ国民の取材に入り、「本当に桃源郷《とうげんきょう》のような国なのか」ということなどについて調べたようです。

その際、ブータンの国民が英語で話している姿を見て、「ブータンでは、普通の市民でも英語が話せるのか」と、少しショックを受けました。

しかも、この国にはテレビがないのです。これからテレビを入れなければいけないような状況《じょうきょう》なのですが、平均年収は約十五万円だそうですから、なかなか家庭に入れることはできないでしょう。しかし、テレビがなくても、英語は話せるのです。これにはショックを受けました。

また、スリランカの近くにあるリゾート地のモルディブについての報道もありました。

現地では、リゾート客向けの温泉を禁止しようとする動きがあったそうです。「裸《はだか》になってオイルを塗《ぬ》り、全身を揉《も》むオイルマッサージなど、けしからん。禁止すべきではないか」と、イスラム教徒から抗議《こうぎ》を受け、政府はいったん禁止を決めたのです。しかし、この国の主たる産業が漁業と観光業しかなく、温泉をやめるわけにもいかないため、結局、すぐに再開したようです。

そういうものをチラッと観るだけでも、よその国の国情が少し見えてきます。

「幸福度ナンバーワン」などと言われているブータンであっても、確かに、幸福度が高そうで、桃源郷のようでありながら、年収は少なく、テレビもありません。その一方で、なぜか英語が話せるのです。テレビが普及《ふきゅう》していない点では、日本の勝ちですが、「英語が話せない日本人は、英語を話せるブータン人に敗れている」とも言えるわけです。

「CNNの取材に英語で答えるロシア人」に日本人の語学力不足を痛感

その少し前には、ロシアにおける反プーチン運動の報道がありました。「プーチンが再び大統領になるのは嫌《いや》だ」という人々が三万人のデモ隊を組んで抗議活動をしている様子をCNNが取材していましたが、デモ隊のリーダー数人がインタビューに英語で答える姿を見て、私もさすがに衝撃《しょうげき》を受けました。

リーダーには裕福《ゆうふく》な階級の人がなっていたようなので、「彼らはイギリスあたりに留学しているのだろう」と推定しますが、もし、日本のデモ隊にインタビューしたとしても、英語で答えるなどということは、まず考えられません。たとえ、それが幸福の科学のデモ隊であろうとも同じだと思われます。

「ロシアでも英語を話せる」というのは、やはり、少しショックです。中国や韓国でも英語を話しますし、ほかの国でも英語を話します。日本は、語学的にそうとう後《おく》れているのです。

ＣＮＮでは、「東日本大震災《だいしんさい》」から「消費税増税」の報道まで、日本での出来事を中国人が報道するような状況が続いていて、日本人は出てこないのです。これは、「語学的な面において、日本はかなり後れている」ということを意味します。すなわち、「日本は、情報においても、まだまだ〝半鎖国《さこく》状態〟にあるのではないか」と感じるわけです。

宗教家の私が経営・経済テーマについて語れる理由

結局、何が言いたいかといえば、「アンテナの張り方を上手にしておくと、『ほかの人には見えない部分』が見えてくることもある」ということです。

経営者であれば、当然、日経新聞ぐらいは読んでいる人が多いでしょうが、例えば、メーカー系であれば、日経産業新聞、流通系であれば、日経MJ（旧・日経流通新聞）、金融《きんゆう》系であれば、日経ヴェリタス（旧・日経金融新聞等）などもあります。そういうものを読んでいるだけでも、情報に違いがあって、勉強になることがあります。

宗教家になるような人間は、在家《ざいけ》時代には日経新聞を読んでいた人であっても、出家《しゅっけ》後には読まなくなり、その代わりに、毎日新聞の「心のページ」あたりの記事を読み始めるのが普通でしょう。

しかし、私は、社会人になってから三十年以上たっても、いまだに日経新聞を読み続けています。もちろん、それに関連した経営書なども読むため、それが、宗教家であっても経営や経済などの話ができる基礎《きそ》になっています。

このように、「日ごろのわずかな努力の継続《けいぞく》が、自分の〝アンテナ〟を調整し続けるための非常に大切な材料になるのだ」と知っておくことです。

経営者は街に出て「景気動向」を自分の目で確かめよ

情報のアンテナが鈍《にぶ》ると、経営者としては役に立たなくなります。

特に、内に籠《こ》もっていると鈍りやすいため、外から来る情報をチェックするとともに、ときどきは街に出て、景気動向を自分の目で確かめることが大切です。「どんな所に人が並んでいるか」「どんなものが売れているか」「どんなものが売れなくなったか」といったことを常に見ていくわけです。

「三・一一」の東日本大震災以降、私も、何度も街に出ては、「商店街の復興や節電の度合いはどう変わっているか」「人の流れはどうなっているか」「外国人が街にいるかいないか」など、どのように状況が変わっていくかをジーッと見てきました。そうすると、「今、この国全体がどの方向へ向いているか」ということがよく見えてくるのです。

私は、そのようなものを見ながら、さまざまな発言をしているわけです。それは、首相官邸《かんてい》のなかにいるだけの人には、おそらく分からないことでしょう。官僚《かんりょう》から上がった報告を聞いているだけでは分からないと思います。

要するに、情報は、努力して取らなければならないものなのです。そのためには、かなりの情報処理技術も持っていなければなりません。

編集方針の異なる新聞各紙を読み比べると頭が鍛《きた》えられる

できれば、「方針や方向が異なる複数筋の情報」を比べてみる癖《くせ》をつけたほうがよいと思います。

例えば、朝日・毎日・東京・中日新聞は、だいたい似たような編集方針を取っています。一方、産経・読売新聞は、それらとは違う論陣《ろんじん》を張っています。

そのように、違ったものを比較《ひかく》して読むことによって、頭が鍛《きた》えられる面があります。「正反対の意見のどちらが正しいのだろうか」というようなことも見えてきますし、各社の異なった意見を比べてみると、読者を情報操作しようとしている部分などが見えてくることもあるのです。

英字新聞の見出しを読むだけでも得られる海外の異質な視点

また、外国の新聞やテレビ等では、日本とはまったく違うことを報道していることが多くあります。「インターナショナル・ヘラルド・トリビューン（現・インターナショナル・ニューヨーク・タイムズ）」や「フィナンシャル・タイムズ」などを見ても、一面記事の組み方が日本の新聞とは全然違います。

したがって、もし、英語が読めなくても、英字紙の見出しだけでも見れば、「海外で何が問題になっているか」を知ることができますし、日本人とは捉《とら》え方が違うことが分かります。日本人はまず国内ニュースを中心に捉えていきますが、英字紙はそれとは違う部分を捉えて見出しにします。そのため、その見出しや写真を見るだけでも勉強になる面があるのです。

そのようなわけで、社会人として、あるいは経営者として生きていくためには、おそらく新聞・雑誌の類《たぐい》についても、速読して要点を押《お》さえる能力が必要です。速読しながら幅広《はばひろ》い目で比較し、ポイントを押さえていく必要があるでしょう。

必要と思われる本を買い集め、将来を見越《みこ》した情報収集・分析を

現代には、テレビやインターネット、携帯《けいたい》電話、その他、さまざまな情報ツールがあります。その一方、「活字は消えていく」と言われていますが、本の場合、取り置いておけば、いつでも見ることができます。これは非常によい点ですし、一日のなかで、いつ読んでも構わないことも便利です。

また、本は、捨てないかぎりはなくなることのない、貴重な情報です。今は読

めなくとも、「資料価値がある」と思われるもの、「将来的に必要になる」と思われるものは、発刊時に買っておくと、十年後に役に立ってくるようなことがいくらでもあります。

例えば、私自身が、一九八〇年代、九〇年代に集めておいた本などは、今となっては、古本以外で手に入れることが困難なものばかりですが、現在、それらが非常に役に立っています。

このように、倦《う》まず弛《たゆ》まず情報を集める努力、そして、分析する努力が必要なのです。

さらに、情報を取るために速読するような本のみならず、じっくりと読まなければならない本、あるいは、繰《く》り返し読める本も所蔵していかなければなりません。

ダイエーの創業者・中内㓛《なかうちいさお》氏は、おんぼろの薬局を一店舗《てんぽ》だけ分けてもらっ

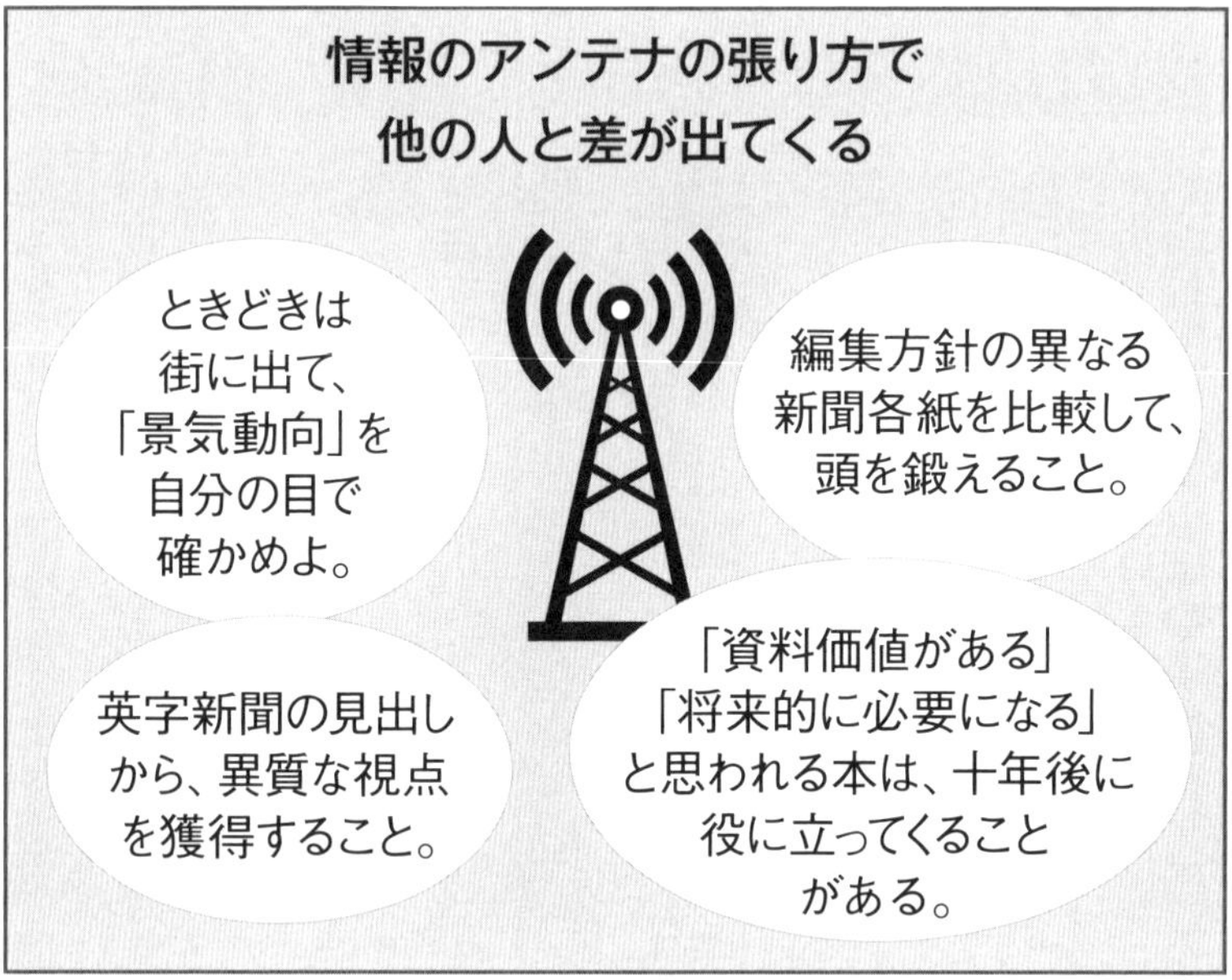
情報のアンテナの張り方で
他の人と差が出てくる
ときどきは
街に出て、
「景気動向」を
自分の目で
確かめよ。
編集方針の異なる
新聞各紙を比較して、
頭を鍛えること。
英字新聞の見出し
から、異質な視点
を獲得すること。
「資料価値がある」
「将来的に必要になる」
と思われる本は、十年後に
役に立ってくること
がある。

たところからスタートして、全国にあれだけの規模のスーパーマーケット・チェーンをつくったわけですが、万単位の冊数の本を読み、自分で情報を取って頑張《がんば》っていたのです。

もっとも、中内氏の場合、長く経営者をしすぎたために、晩年には危機に対する感度がやや鈍ったような印象があり、最後のほうは世間から非難を受けたこともありました。ただ、優《すぐ》れた経営者ではあったと思います。

その意味で、経営者にとっては、「情報感度」および「情報に対する判断」が、決定的なものを生み出すのです。

3　大胆《だいたん》にして細心であれ

日露《にちろ》戦争の日本海海戦に見る東郷平八郎《とうごうへいはちろう》の「不動心《ふどうしん》」

それから、経験については、積めば積むほどよいことも多いのですが、勇気がなくなってくることもあるので、その点は要注意です。

数年前から、山本五十六《やまもといそろく》大将（死後に元帥《げんすい》）の映画（二〇一一年公開の「聯合《れんごう》艦隊《かんたい》司令長官　山本五十六」）が上映されたり、NHKのドラマ（「坂の上の雲」）で日露《にちろ》戦争が取り上げられたりと、戦争ものに関心が集まっていますが、「軍の司令官のリーダーシップや能力をどのように測定するか」ということは、経営にも応用できるテーマです。

例えば、東郷平八郎《とうごうへいはちろう》大将（最終階級は元帥）の率いる日本海軍が、ロシアのバルチック艦隊と戦うときには、全員死ぬ覚悟《かくご》で戦っています。東郷自身も、生きて帰るつもりはなかったわけです。

そのため、日本の連合艦隊は、バルチック艦隊の的《まと》になるのを承知の上で、敵前で十分間もかけて回頭し、船体側面を向けて全砲門《ほうもん》を使い、敵の倍以上の火力で攻撃《こうげき》することによって、敵艦を沈《しず》めてしまう作戦を取りました。要するに、「自分たちの艦が沈められて死んでも構わない。しかし、敵軍は一隻《せき》たりとも逃《のが》さない」という方針を取ることにより、世界史上、まれに見る〝パーフェクトゲーム〟で、日本軍はロシア軍に勝ったのです。

このときの司令官の「不動心《ふどうしん》」は、やはり、そうとうなものだと思います。

太平洋戦争の命運を分けた山本五十六《やまもといそろく》らの「優柔不断《ゆうじゅうふだん》」

それに比べ、海軍兵学校で山本五十六《やまもといそろく》大将の四期下だった南雲忠一中将《なぐもちゅういちちゅうじょう》は、「五十代半《なか》ばに差し掛《か》かり、軍人としては優柔不断《ゆうじゅうふだん》になっていた」などと、臆病《おくびょう》さを責められることが多くあります。

例えば、「真珠湾《しんじゅわん》攻撃では、第一波・第二波攻撃だけを行い、第三波攻撃を部下から進言されても、それをしなかった」「真珠湾の石油タンクを破壊《はかい》しておけば、その後、半年以上は米軍も動けなかったはずだ」「島影《しまかげ》に隠《かく》れているかもしれない米軍空母を探索《たんさく》すべきだった」などと責められています。

本来、それらの作戦は行うべきだったとは思いますが、南雲中将には、指導者として、「自分たちが全滅《ぜんめつ》してでも敵を叩《たた》く」という〝東郷精神〟のような気持ちはありませんでした。彼は、できるだけ無傷で帰ろうとしていたため、最初に日本を出る前から、「すぐに戻《もど》る」と決めていたのでしょう。

ただ、これは、「南雲中将の優柔不断だけではない」と思われるのです。

先ほど述べた映画のなかで、山本大将は、「開戦にいちばん反対していた男」のように持ち上げられていますが、戦前にハーバード大学へ留学して勉強した経験もあり、現実にアメリカのすごさを知っていたことは事実でしょう。

そのため、連合艦隊の司令長官になった山本大将自身が、「この戦《いくさ》を長引かせれば、日本は負ける。だから、一刻も早く終わらせなければならないし、アメリカとはできるだけ戦わずに済ませたい」と考えていたのです。

要するに、真珠湾に日本の攻撃部隊が向かっているにもかかわらず、「ギリギリまで外交努力をし、交渉《こうしょう》が成功すれば攻撃をストップする」といった優柔不断な決断の仕方をしていたため、部隊も本気で突《つ》っ込《こ》めない状態だったわけです。

また、連合艦隊司令部は瀬戸内海《せとないかい》に停泊《ていはく》していた戦艦「長門《ながと》」にあり、山本大将自身は真珠湾に行きませんでした。そのため、南雲中将率いる攻撃部隊とは互《たが》いに意思疎通《そつう》ができず、部隊が第一波・第二波攻撃だけして帰投《きとう》しても、何も言えない状況《じょうきょう》だったのです。

さらに、日本軍が敗れたミッドウェー海戦でも、山本大将が乗る戦艦「大和《やまと》」以下の主力部隊は、南雲中将の機動艦隊から五百キロ以上も後方をついていくような状態でした。百隻余りの大軍団であったにもかかわらず、空母を四隻沈められても援護《えんご》することなく、溺《おぼ》れている人の救出もしませんでした。救出に当たったのは駆逐艦《くちくかん》ぐらいです。

本当は、空母を護衛するための戦艦がいれば、そうとう戦えたのでしょうが、ここで日米の勝敗が分かれてしまいました。当時の海軍力では、日本軍のほうが優勢であり、アメリカ軍とは一・五倍から二倍の開きがあったわけですから、やはり、司令官の一人や二人の違《ちが》いは大きかったのでしょう。

なお、「もし、空母『飛龍《ひりゅう》』の山口多聞《やまぐちたもん》司令官がトップであれば勝てたのではないか」とも言われていますが、海軍兵学校の卒業年次があとだったために、上には立てなかったのです。この点、能力主義人事が行われなかったことが悔《く》やまれます。

経営者には「大局を見る目」と「細部を見る目」の両方が必要

危機のときには、用心深くなければいけませんが、大胆《だいたん》でなければいけないこともあります。危機のときの判断は非常に難しいのです。

経営者は、矛盾《むじゅん》する性格を持っていなければ駄目《だめ》です。大胆にやるべきときには大胆にやらなければいけないし、不動心を持ち、「動かざること山のごとし」で、じっと耐《た》える力も要《い》ります。しかし、「機を見るに敏《びん》」で、即時《そくじ》対応していく変化の速さも要るのです。

一人の人間がこうした矛盾した性格を持っていると、確かに、周りにいる人たちからは理解されないこともあります。

ただ、そうした矛盾した性格を統合することが、「徳」の始まりです。

したがって、経営者、経営指導者としては、やはり、大胆にして細心でなければいけません。「大局を見る目」を持ちながら、「ささやかな情報や変化を見逃さない目」「細部の詰《つ》めを怠《おこた》らない目」も持たなければいけないのです。

「胆力《たんりょく》」を養いつつ、「瞬時《しゅんじ》に解答を出す能力」を磨《みが》け

特に、経営が危機的状況になると、内部の情報のうち、悪い情報の上がりがどんどん悪くなり、遅《おそ》くなってきます。そして、外部からの情報でしか分からなくなってくるのです。

トップの耳に届いたときには、すでに、会社が重大な事件に巻き込まれていた

り、トップが引責辞職しなければいけない状況になっていたりするようなことがよくあります。

危機のときには、だいたい、そういう傾向《けいこう》が出てくるので、非常に注意しなければいけません。

トップにとって、嫌《いや》な情報は聞きたくないものでしょう。そのため、周りの人たちは、だいたい、「よい情報だけを上げて、嫌な情報は上げない」という態度を取りがちです。確かに、そのほうが楽ではあります。よい情報を上げればほめられますが、嫌な情報を上げたら嫌《きら》われるに決まっているので、周りの人たちには、そういう自己保身が働いてくるわけです。

ただ、「それで会社全体が生き残れるかどうか」という判断はしなければいけませんん。危ないと見たら、何としてでも、上まで情報を届けなければいけないのです。

経営者には矛盾した性格が求められる

- 大胆さ。
- 不動心で、動かざること山のごとし。
- 大局を見る目。

- 細心。
- 「機を見るに敏《びん》」で、即時《そくじ》対応していく変化の速さ。
- ささやかな情報や変化を見逃さない目。

↓

「大局を見る目」と「細部を見る目」の統合から、経営者の「徳」が生まれる。

このときに、トップとしては、もちろん、ショックを受けるし、動揺《どうよう》もするでしょう。

しかし、経営者や経営指導者は、日ごろから、それに持ち堪《こた》える「胆力《たんりょく》」を養わなければいけません。難しいことではありますが、そうした胆力を養わなければいけないのです。

また、経営においては、初めて経験するような難問が次々と出てきますが、それに対応するためには、前述したように、日ごろから、幅広《はばひろ》く網《あみ》を張りつつ情報を集め、考えを練り、瞬時《しゅんじ》に解答を出す能力を磨《みが》くことです。いろいろなものに即応態勢を取れるようにしておくことが非常に大事なのです。

例えば、上司は、部下に仕事を任せる存在ですが、部下が本当に困ったときには、答えを出してあげる存在でもなければいけません。部下たちが、「上司に訊《き》いても、どうせ答えは出てこないから、自分たちでやってしまおう」と思うようになったら、「上司は、ただのお飾《かざ》りになっている」と言わざるをえないのです。

そうならないためには、やはり、経営感覚および経営知識のストックを怠《おこた》らないことが大事だろうと思います。

4　若手社員の意見に耳を傾《かたむ》けよ

「若い人が意見を言えない会社」ほど潰《つぶ》れやすい

経営者は、主観的で、非常に天狗《てんぐ》になりやすいため、できるだけ、「外からの目」で自分を見る努力や、「中道《ちゅうどう》の目」で自分を眺《なが》める努力が必要です。

常に、「今、自分は、どのあたりを走っているのか。どのあたりの評価なのか。仕事の出来はどのくらいなのか。どの程度ピントがずれてきているのか」等を知っていなければいけません。

さらに、若い人との情報格差もあります。センサーが違《ちが》うように働いているので、若い人が関心を持っていることと、経営者が関心を持っていることとの間には、そうとうズレがあるのです。

このとき、年功序列的に考えると、「若い人は未熟である。年を取っている経営者のほうが、老練《ろうれん》であり、経験豊富だ」というように判断してしまうのですが、それが本当に正しいかどうかは分かりません。

それを知るためには、一つは、「自分の会社において、新入社員、あるいは若手社員潰《つぶ》しが行われていないか」ということを点検してみる必要があるでしょう。もし、年齢《ねんれい》格差によって、潰しのエネルギーがいつも働いており、「新入社員、あるいは若手社員等が黙《だま》らされている」という状態が続いているようであれば、すでに内部分裂《ぶんれつ》が起きていると言えます。すなわち、それは、「上のほうが、つんぼ桟敷《さじき》に置かれて大事な経営情報を取り逃《のが》し、いつ、経営判断のミスを起こすか分からない状況《じょうきょう》にある」ということを意味しているのです。

したがって、社内で、〝若い人いじめ〟が起きていないかどうかを見ておかなければいけないでしょう。

それと、もう一つは、その反対側ですが、「若い人からも、意見の具申《ぐしん》や提案等がなされているかどうか」ということも点検する必要があります。

「一定の年齢にならなければ意見を言えないから、あと十年は何も言えない」というような組織は、あまり、よい組織ではありません。また、「おまえは入社何年目だから、まだ言う資格はない」などと言うような会社は、いずれ潰れる会社と見て、ほぼ間違いないでしょう。

伝統的な会社ほど、そういう傾向《けいこう》が強くなってくるのですが、「これからの乱気流の時代では、こうした傾向があればあるほど、その会社は潰れやすい」と思わなければいけません。

危機を察知するのは、その人の〝センサー〟によるものであり、必ずしも、年齢や出身、あるいは地域の差によるものではありません。若くても、〝よいセンサー〟を持っている人は、危機を感じるものなのです。

「先見性」と「学び続ける態度」が経営者として成長し続ける条件

若い人の意見に対し、耳を傾《かたむ》ける体質を持っていなければいけません。

「相手の年齢が自分より下の場合には、全然、話を聞かない」というように、自分が固まって「有《う》」の状態になってきたならば、「引退の時期は近い」と自己判断しなければいけないでしょう。それは、もちろん、トップあるいは経営陣《じん》の出処進退《しゅっしょしんたい》を意味しています。

とにかく、自分の頭が固くなり、新しい情報や若い人の意見などが、すごく的《まと》外《はず》れというか、遠い世界のことのように思えてきたら、それは、能力的にかなり固まり、もう成長しなくなっている証拠《しょうこ》です。そういう柔軟《じゅうなん》さが失われてきたら、危ないと思わなければいけません。

名経営者といわれる人であっても、一定の年齢を超《こ》え、〝若さ〟を保てなくなったときには、落ちこぼれていくのです。

ただ、なかには、落ちこぼれずに成長し続ける人もいます。そういう人は、年を取っても、自分の能力を新しい分野に広げていくことができます。

例えば、松下幸之助《まつしたこうのすけ》氏は、第一線から退《しりぞ》いたあとも、PHP運動を大きくしていったり、出版社をやってみたり、あるいは、八十四歳《さい》から、松下政経塾《せいけいじゅく》という政治家養成機関をつくったりしています。

当時、彼は、周りからずいぶん批判されましたが、その後を見れば、「彼は決して間違っていなかった。やるべきことをやろうとしていたのだ」ということが分かります。

このように、年を取っても、能力がまだまだ成長し続けていく人もいますが、そのための条件は、「先見性がある」ということと、やはり、「聞く耳を持ってい

「外からの目」と「中道の目」で自分を眺める

●危機を察知するのは、その人のセンサーによるものであり、年齢、出身、地域の差ではない。特に若い人のセンサーを生かすこと。

●「有《う》」にならず、成長し続けるには、「先見性がある」ことと、「聞く耳を持っている」「学び続ける態度がある」ことが条件。

る」「学び続ける態度がある」ということでしょう。

人から話を聞いて「耳」で学ぶ人もいれば、本などを勉強して「目」で学ぶ人もいます。学び方にはいろいろありますが、いずれにせよ、努力は要《い》るのです。したがって、そのあたりの自己判断が大事です。

特に、一年後すら、どうなるかが分からないような「動転《どうてん》の時代」が来ると、経験豊富で成功体験が多い経営者ほど、ある意味で、危ないことが多いものです。むしろ、フレッシュな人のほうが、「まったく予想しない事態が起きたとき、それに、どう対処するか」ということについて、斬新《ざんしん》なアイデアを出してくることがあります。

ですから、そういうときには、人材の選び方をよくよく考えて対応しなければいけないでしょう。

5　国際化に遅《おく》れるな

「下山《げざん》の思想」を言い訳に使うと「セルフ・ヘルプの精神」は死ぬ

さて、本章2節で述べた情報分析《ぶんせき》の続きになりますが、マクロの視点から、日本の問題を見た場合、これから非常に大きな問題となるのは、やはり、「国際化に遅《おく》れていくかどうか」というところです。

それに関連して、私は、「下山《げざん》の思想」に対する警告をしています。

これは一種の〝悪魔《あくま》の思想〟のように見えなくもありません。なぜなら、「いったん下山して再スタートしよう」という思想が流行《はや》ったならば、みな、下に下《くだ》っていけるからです（注。二〇一一年刊の『下山の思想』〔五木寛之《いつきひろゆき》著〕では、

「私たちの時代はすでに下山にさしかかっている」などと書かれ、ベストセラーとなった）。

新聞にも、何度か『下山の思想』の広告が大きく載《の》っていました。私たちは、これを流行らされないように、このベクトルを逆の方向に向けなければいけません。それは難しいことだろうと思いますが、やらなければいけないのです。

「下山の思想」は、できないことの言い訳に全部使えます。経営者も、政治家も、教育者も、みな、これを言い訳として使えるのです。

下るのは簡単なので、「いったん下って、昔戻《もど》りをし、昔のレベルから、もう一回、やり直したい」という強い誘惑《ゆうわく》はあるでしょうが、それに負けるようでは、リーダーとしての資格はないと思われます。それは、やはり、言い訳にしかすぎないのです。

たとえ、「これから下っていくのだから、しかたない」というムードをつくられたとしても、それに乗ってはなりません。

例えば、「人口が減った」「若者が減った」「世界的に景気が悪い」「金融《きんゆう》情勢が全体的に悪い」など、いろいろと言い訳はあるでしょうが、それらをすべて、「下りに向かっていくことを肯定《こうてい》する思想」で合理化すると、人々は自己研鑽《けんさん》をしなくなり、セルフ・ヘルプの精神は死んでいきます。

その〝引力〟に負けずに、突破《とっぱ》していかなければいけません。

そして、その〝引力〟を突破していく行為《こうい》は、自分自身を律する心や自分を鍛《きた》える厳しい心の表れです。その意味で、何か自分を鍛えることをやり続けることが大事であると思います。

国際化に向けて、経営者自身も「英語の勉強」を

前述した英語にしても、この言語は、アフリカでもアジアでも、それこそロシ

アでもドイツでも話されています。また、今後、日本ではインドとの取引も増えると思いますし、中国人や韓国人《かんこくじん》は、日本人より英語ができることを誇《ほこ》りに思っているような状況《じょうきょう》です。

こうしたことを考えると、〝第一言語〟としての英語に対する需要《じゅよう》がなくなることはないでしょう。

したがって、「年を取ったので、自分には無理だ」と思うかもしれませんが、やはり、中学英語から出直すつもりで、英語の勉強に取り組むことが大事です。急速には進歩しないかもしれませんが、やればやっただけ、少しずつ上昇《じょうしょう》していきます。何事も、やらなければ向上しないのです。

もちろん、「商売上、中国や韓国、その他の特殊《とくしゅ》な国と関係が深い」ということであれば、その国の言語を勉強してもよいでしょう。

いずれにせよ、「少しずつでも語学の勉強を続ける」という態度を持っていれば、何らかの知的刺激《しげき》を受けますし、情報も増えてきますので、年齢《ねんれい》を言い訳にせず、努力することが大事です。

語学の勉強は、五十歳《さい》からでも、六十歳からでも、七十歳からでも、八十歳からでも可能です。マスターする速度には個人差がありますが、やればやっただけ少しずつ前進していくので、今は中学レベルか、それ以下かもしれませんが、少しずつでも勉強することです。

自分に刺激を与《あた》え、アンテナを広げようとする努力をしていくことが非常に大事であると思います。

幸福の科学学園で学び、中学二年生で「英検二級」まで進んだ次女

語学の勉強について、わが家の例を少し紹介《しょうかい》しましょう。

夜十一時前ぐらいに、「子供たちが、それぞれ、部屋で何を勉強しているのか」

を見て回ったことがありました。

そのときは、特に、次女（大川愛理沙《ありさ》）が冬休みで、幸福の科学学園から久しぶりに帰ってきていたので、「いったい何を勉強しているのかな」と思い、覗《のぞ》きに行ったのですが、そこで、私は、びっくりするような光景を見たのです。創立者である自分が言うのもおかしいですが、「幸福の科学学園というのは、恐《おそ》ろしい学校だな。怖《こわ》い学校だな」と、つくづく思いました。

彼女は、冬休みの宿題として、「『高校入試実戦英単熟語集』※（高校入試の長文読解問題から抽出《ちゅうしゅつ》した英単熟語集）を十回ノートに写す」とか、「『英検準2級合格・大学合格準備編！ 基本英単熟語・例文集』※のホームステイ編のところを三回ノートに写す」とか、そのあたりを、帰ってきてすぐに終えていました。

さらに、当時、まだ中学二年生でしたが、電子辞書を引きながら、『高校英単熟語集 基本編』※にも取り組んでいたのです。同書をマスターすれば、大学入試

※いずれも大川隆法編著。宗教法人幸福の科学刊。

センター試験に十分に届きますし、「注」のところまで覚えれば、中堅校《ちゅうけん》と言われる大学には十分に合格できます。そのレベルのものをやっていたわけです。

ふと見たら、机の上には、『英検2級 過去6回全問題集』（旺文社《おうぶんしゃ》刊）まで並べられていました。次女は、中学二年の秋に英検準二級に受かったのですが、「英検二級の過去問をやってみたら、結果は『not passed A』（もう少しで合格）だった。この調子だと合格するかもしれないので、今度、受けてみる。この前、同級生が一人受かったので、私も受かるかもしれない」と言うのです。

それを聞き、正直に言って、「この学校は怖い」と思いました。「中学二年生で、英検二級レベルのものが本当に読めるのか」と驚《おどろ》いたのです。

私は、大学卒業後、商社に入りましたが、商社に入ると、みな、英検などを受けさせられます。商社には、外国が好きで、英語が得意な人が大勢来ています。

そこで、私は、人事部に立ち寄ったときに、「英検二級だったら、全員受かるの

大川隆法の英語シリーズと
幸福の科学学園・HSUの英語教育

これまで世界五大陸で英語説法を行い、英語説法・霊言は通算 100 回を突破。また、英語学習に関する経典をはじめ、『黒帯英語』シリーズなど 200 冊以上の英語教材を発刊している。

『プロフェッショナルとしての国際ビジネスマンの条件』(幸福の科学出版刊)

『英語が開く「人生論」「仕事論」』(幸福の科学出版刊)

『英語界の巨人・斎藤秀三郎が伝授する英語達人への道』(幸福の科学出版刊)

幸福の科学学園中学・高等学校では、英検に飛び級合格する生徒が毎年数多く誕生している。また、HSU(ハッピー・サイエンス・ユニバーシティ)では、国際舞台で活躍できる人材を目指して、全学部において卒業時までに TOEIC730 点以上、人間幸福学部の国際コースでは 900 点以上を目標としている。(左上:HSU、右上:幸福の科学学園那須本校、左下:幸福の科学学園関西校)

でしょうね」と訊《き》いたのですが、「そんなことはありません。大学を卒業した人でも、半分は英検二級に落ちています」と言われたのです。その言葉が、今も耳に残っています。

その英検二級を、中学二年生で受けようとしているので、「すごいことだな。この学園は恐ろしいな」と思ったわけです（その後、次女は、中学二年の冬休み明けに、英検二級に合格した）。

語学の勉強を「難しい」と思わず、機械的に学び続けていくこと

さらに、「今は何をやっているのかな」と思って、ふと見ると、『幸福実現党宣言』（幸福の科学出版刊）をもとに、日本国憲法の改正案についての研究レポートを書いていたところだったのです。これは、自分で選んだ自由研究のようでした。

こうしたテーマは、普通《ふつう》、大学の法学部に行かなければやらないでしょう。ま

た、『幸福実現党宣言』は、以前、法学部在学中の長男（大川宏洋《ひろし》）が、「大学で献本《けんぽん》しても、法学部でない人には、『難しくて分からない』と言われます」と語っていた本なのです。私が、「中学二年生で、本当にこの本の研究レポートを書くの？」と訊くと、次女は、「はい。書きます」と言っていました。

あとは、その年の「法シリーズ」である『不滅《ふめつ》の法』（幸福の科学出版刊）の要約レポートにも取り組んでいました。当会であれば、新入職員などに要約レポートが課されているはずですが、幸福の科学学園でも、「基本書を一冊、要約しなさい」という宿題が出ていたのです。

次女は、「『不滅の法』の要約レポートは一日で書き終わった」と言っていましたが、私はそれを聞き、頭に軽いショックのようなものを受けました。「確か、私が創立した学校だよな」と思いながら、「いろいろと指示したことを、本当に、そのまま実践《じっせん》している」ということの〝怖さ〟を身に沁《し》みて感じたのです。

学園生は、当会の霊言集《れいげんしゅう》などを読んでいるため、意外に教養があり、政治や法律、経済などについても知識を持っています。また、英語については、私がつくった教材を、本当に迷わずに勉強しています。

実は、都会の学校に通っている上の子供たちのほうは、「パパがつくった教材は難しすぎるので、まずは市販《しはん》の教材をやらないといけない。それができるようになってから、最後の最後に手をつける」と言って、後回しにしています。

ところが、幸福の科学学園は、私のつくった教材がどのくらい難しいかを知らないため、そのまま突《つ》っ込《こ》んでいっているのです。有名私立の中高一貫《いっかん》校に通っている子供たちは、その難しさを知っているので、市販の易《やさ》しい教材を先にやっているわけです。

そういうことで、頭が少しクラクラしました。

「中学校と高校の英語教師のうち、英検準一級以上を取っている人は、半分もいない」と言われているので、ほかの半分の人は、英検二級ぐらいでしょう。

要するに、「中学二年生ぐらいで、英検二級の試験を受けられるレベルまで行く」ということを考えると、大人の場合も、一年数カ月ほど勉強を続ければ、そのレベルぐらいまでは到達《とうたつ》可能であるわけです。

次女は、部活もしていますし、当然、ほかの教科も勉強しています。特別にできるわけでもなく、ほかの子と同じような環境《かんきょう》のなかで勉強しているのです。

その次女の姿を通して、「みなが、『そうなろう』と念《おも》えば、そうなるのだな」「一つの方針が出て、それに向かって一生懸命《いっしょうけんめい》に努力をすれば、実績が出てくる。そうなると、みなが信じてきて、やれるようになるのだな」ということが、まざまざと見えました。

今のキャビン・アテンダントが「スチュワーデス」といわれていた時代には、英検二級ぐらいで、みな航空会社に入れたのですが、中学校に入ってまもない子であっても、その英検二級に挑戦《ちょうせん》できるレベルまで行くわけです。ましてや大人であれば、もう一回、中学一年生レベルから再出発しても、努力すれば、「英字新聞の見出しが読める」「英語のニュースが少し分かる」というレベルぐらいまでは行くはずです。

したがって、あまり、「難しい」とは思わないでください。本当は、それほど時間がかからずに、ある程度のレベルまで行けるかもしれないのです。

「始動するまで」は大変でしょうが、それを習慣化して機械的に学び続けていけば、レベルはだんだん上がっていくのです。

接触《せっしょく》面積を増やす以外に「語彙《ごい》を増やす方法」はない

次女も、「結局、英語は単語です。文法が分かれば、あとは単語だけを覚えればよいのです。そうすれば、先までどんどん進めます」というようなことを言っていました。「少し生意気《なまいき》なことを言うな」と思いましたが、これは、そのとおりです。

三島由紀夫《みしまゆきお》も、高校時代に『広辞苑《こうじえん》』を読み通したと言われています。作家になるような人にとっては、やはり、語彙《ごい》が大事だからでしょう。

それと同じように、英語の語彙を増やすには、結局、一生懸命、単語集や英文を読んだり、英語を聴《き》いたりして、接触《せっしょく》面積を増やしていく以外に方法はありません。語学に王道はないので、これをやるしかないのです。

そのように、「語彙力が必要だ」と思ったならば、それを上げるように努力することです。

三島由紀夫は、作家になろうとして、『広辞苑』まで読んだわけですが、偉《えら》いと思います。普通の人は、なかなか読む気が起きないでしょう。私も起きません。

確かに、全部を読めば有益だろうと思いますが、国語学者や小説家になるつもりはないため、読み通す気は起きないのです。

ただ、私は宗教家なので、『仏教辞典』など、宗教に関する辞典は、最初から最後まで全部読み通しています。その意味では、私も同じです。

ちなみに、渡部昇一《わたなべしょういち》氏のような碩学《せきがく》でも、「昔の人は難しい言葉を使う。例えば、幸田露伴《こうだろはん》の本を読んでいたら、仏教の用語で、三阿僧祇劫《さんあそうぎこう》という、『広辞苑』を引いても出てこないような難しい言葉が出てくる」ということを言っていますが、これは、仏教を学んでいる人にとって、当たり前の言葉です。

「劫《こう》」とは、「一ヨジャーナ（約七キロ）四方の大きな四角い岩を、百年に一度（三年に一度という説もある）、天女《てんにょ》が降りてきて裾《すそ》でさすり、岩が磨《す》り減ってなくなるまでの時間」というような意味であり、三阿僧祇劫とは、簡単に言えば、「ものすごく無限に近い時間」という意味なのです。

これは、仏教を学んでいる人にとって、それほど難しい言葉ではありませんが、渡部氏のような人であっても、学んでいない人には、ものすごく難しい言葉のように見えるようです。彼は、キリスト教を学んでいるものの、仏教はあまり学んでいないため、「幸田露伴の時代には、こんなに難しい言葉を使っていたのか」と思ったらしいのです。

ともあれ、やはり、専門分野に関しては、努力し続けることが大事です。努力すれば、いつか必ず報《むく》いられますし、目標を達成できるようになります。

私も、「幸福の科学は、いろいろな教養を網羅《もうら》しているため、今、日本で、この啓蒙《けいもう》思想が静かに浸透《しんとう》しつつあり、職業や学歴、専門、年齢に関係なく、一定のレベルで意外に広がってきているのではないか」と思っています。楽観的な言い方かもしれませんが、そう感じています。

私たちが発信している情報を、マスコミあたりが使い始めたところを見ると、かなり先進性が出てきていると思うのです。

ただ、霊言等は、単に霊感《れいかん》だけで行《おこな》っているわけではありません。この世的な情報分析等をさまざまに積み重ねたものを基礎《きそ》にし、その上に「勘《かん》」を載せて行っているのです（注。二〇一六年十月現在、公開霊言シリーズは四百書を超《こ》えている）。

6　リピーターをつくり出す努力を

世の中の動きを分析《ぶんせき》し、人より早く情報感度を上げよ

以上、「情報」を中心に述べてきましたが、乱気流の時代においては、それが非常に大事です。

また、本章4節でも述べたように、「どうやって年齢《ねんれい》ギャップを克服《こくふく》するか」ということもよく考えてください。「若い人の持っているセンサー」と、「一定の年齢に達した人のセンサー」は違《ちが》うので、このギャップを埋《う》める努力をしたほうがよいでしょう。そのためには、常に、新しいものに関心を持ち、自分の心を開いていくことです。

さらに、自分を律して、努力する方向を見いだしていくことが大事ですし、異質な情報を取り、それを比較衡量《ひかくこうりょう》しながら考えを重ね、「どのようになるだろうか」ということを見ていく必要もあります。

例えば、高一だった三男（大川裕太《ゆうた》）が、前回の米大統領選（二〇一二年）の初動期に、「アイオワ州党員集会で、ロムニー氏が八票差で勝ったよ」などと言って、向こうから情報を持ってきたこともありました。「それは本当か。数え間違いと違うか」と訊《き》いたりしていたのですが、その時点で、私のほうは、すでに、霊言《れいげん》を通して、ロムニー氏が信仰《しんこう》しているモルモン教について調査に入っていました（『モルモン教霊査《れいさ》』〔幸福の科学出版刊〕参照）。

「共和党の大統領候補者の指名争いにおいてロムニー氏有利」と見て、いち早く調査に入ったわけですが、このあたりの裏には、単に宗教的なものだけではなく、この世的な情勢分析《ぶんせき》も入っているのです（注。この予測どおり、ロムニー氏はその後、共和党の指名争いを勝ち抜《ぬ》き、本選で現職大統領のオバマ氏との対決となったが、敗れた)。

要するに、「世の中の動きをよく分析し、人より早く情報感度を上げていくことが重要である」ということを言いたいのです。情報感度を保てているうちは、経営者として、何とか嵐《あらし》の日にも舵取《かじと》りをしていくことが可能でしょう。情報を取り、先を読み、あらかじめ、いろいろな場合について想定できることが大事なのです。

国内・海外の航空会社に見る圧倒《あっとう》的な「サービス」の差

最初の稲盛《いなもり》氏の話に戻《もど》りますが、JAL《ジャル》を赤字から黒字に変えたのは、確かに素晴《すば》らしいことであり、こういうことが、これからの日本の企業《きぎょう》では大事になってくると思います。

ただ、自主退職が止まらないところを見ると、おそらく、カルチャーの問題が起きていて、社員から、「航空会社におけるサービスについて、分かってもらえない」という不満が出ているのでしょう。

このことは、実際に航空機を利用している者にはよく分かります。

黒字にはなったのでしょうが、「非常に古い機体を安くリースしている」ということなど、コストカットをして安くあげているように見える部分が、あちこちで見えるのです。

一方、従業員の愛想《あいそ》は、昔より、ずいぶんよくなっています。一生懸命《いっしょうけんめい》、頭を下げ、腰《こし》を低くして、サービスをしようとする姿勢は見せています。

ただ、同業他社と比較しながら、じっと観察をしている私の目には、「ＪＡＬは、機材やいろいろなサービスについて、原価のところをカットしている」ということが明らかに見えるのです。

このあたりについては、おそらく、内部的に意見の対立があり、稲盛氏に対して、「『顧客《こきゃく》サービス』というマインドを持っていないのではないか」という批判が突《つ》き上げられているのではないかと思うのです。

確かに、顧客サービスをやりすぎると、今度は、コスト高になり、赤字になることもあります。したがって、赤字を黒字にするだけであれば、経営者はコストカッターになればよいでしょう。そうすれば、一時的に業績は上がります。「短期的に、一、二年を乗り切る」というのであれば、できるだけコストをカットし、売上を増やす努力をすればよいのです。

稲盛流に言えば、「売上を最大にして、経費を最小にすれば、利益は最大になる」といったところでしょうか。こうした、誰《だれ》にでも分かる簡単な方程式を、彼はいつも言っています。そうすれば、財務諸表は一時的によくなるでしょう。

しかし、長い目で見た場合には違います。お客様が〝生き物〟である以上、自社のサービスが落ちたならば、リピーターはライバルのところへ行き始めるのです。

そのライバルは、別に日本の会社だけではありません。例えば、ドバイに本社がある航空会社は、まるで〝アラビアンナイトの世界〟のような、信じられないサービスをしています。この会社がもっと力を持ったならば、日本の航空会社はあっさりとやられてしまうでしょう。

アラブ首長国連邦《れんぽう》は、今は石油が出るため、金持ちで、税金もなく、国民はみな、非常に豊かな暮らしをしています。しかし、一説では、「あと二十五年たつと石油が出なくなる」と言われているので、今、観光産業へシフトしようとして、一生懸命に努力しているのです。

例えば、「映画の撮影《さつえい》で、最近、トム・クルーズが登った」という高さ約八百メートルのビルも、ドバイにあります。あのような客寄せのための装置をつくり、石油が止まる前に、観光産業を完成させようとしているわけです。

その一環《いっかん》として、ドバイの航空会社も、いったん乗ったら、日本の航空会社に乗れなくなるぐらいのサービスをしているのでしょう。

その差は歴然としています。お客様の快適さをどこまでも追求しているため、機体の構造からして全然違うわけです。

よりよいサービスの追求で執念《しゅうねん》深く「リピーター」をつくり出す

このように、サービス産業においては、単なるコストカッターが黒字を出して成功するとは限りません。

やはり、必要なコストは維持《いじ》すべきですし、サービスをよくすることでリピーターがつくような業界であれば、「もっとよいサービスを提供していく」という努力も必要です。

結局、このあたりの見極《みきわ》め方が、生き残れるかどうかの鍵《かぎ》になるのです。

例えば、「温泉はよかったけれども、あとで風邪《かぜ》をひいた」というのでは、やはり、その旅館やホテルには行かなくなっていくでしょう。部屋か、廊下《ろうか》か、階段かは分かりませんが、どこかに保温についての隙《すき》があるのだと思います。

あるいは、いくら、「よい旅館だ」「よいホテルだ」と言われても、料理が冷《さ》めていたら、そういうところには行かなくなるものです。

やはり、経営者は、よく反省することが必要です。人を減らせばコストは減りますが、料理が冷めていたら、旅館やホテルには人が来なくなります。当たり前のことです。

そのあたりの兼《か》ね合いをよく見て、矛盾《むじゅん》するものを克服し、「いかに、よいサービスをするか」ということを考えなければ、生き残れないでしょう。そういうことも付け加えておきたいと思います。

単なる、「売上を最大にし、経費を最小に抑《おさ》えれば、利益は最大になる」というやり方だけでは駄目《だめ》です。やはり、それぞれの業界において、リピーターをつ

リピーターづくりに必要な視点

- 長い目で見れば、自社のサービスが落ちたなら、リピーターはライバルのところへ行くという現実を忘れるな。
- コスト削減と、サービスのために必要なコストの維持。この見極めが生き残れるかどうかの鍵になる。

くり出す努力を執念《しゅうねん》深くやらなければ駄目なのです。

決して自分本位になることなく、「なぜ、お客様は繰《く》り返し来てくださるのか」「なぜ、お客様は逃《に》げていくのか」ということについて、追求していかなければいけません。

知識や情報を集約し、

それをサービスへ転化していく努力を

ホテルも、サービス業の一つですが、有名な一流ホテルになると、私が車から降りた瞬間《しゅんかん》に、ドアマンが「お帰りなさいませ」と挨拶《あいさつ》をしてきます。これには本当に参ってしまいます。「いらっしゃいませ」ではなく、「お帰りなさいませ」と声をかけるわけですから、私の顔を覚えているわけです。

ドアマンも、トップクラスになると、年収が一千五百万円から二千万円ぐらいで、一万人から一万五千人ぐらいの人の顔と名前を覚えているのです。すごいものです。

そのために、彼らは、スクラップブックをつくるなどして、ものすごく勉強しています。間違えたら恥《はじ》なので、毎日、「どの会社に、どんな人がいるか」を調べ、覚えています。さらに、「その人に対して、過去、どんなサービスをし、どんなトラブルが起きたか」ということまで、全部、覚えているのです。

このように、「知識や情報を集約すると、それがサービスへ転化していく」ということも、よく知っておいたほうがよいでしょう。

以上、いろいろなことについて述べてきましたが、「乱気流の時代において大事なことは、やはり、情報の取り方と情報分析であり、それに基《もと》づく危機対応であること」ということです。さらに、「新しいものに関心を持つこと」や「若い人とのギャップを埋めるように努力すること」、「具体的な世情《せじょう》をつかんでいこうと努力すること」が大事です。そのことを述べておきたいと思います。

◆第２章のポイント◆

□乱気流の時代では、「情報に対する鋭敏《えいびん》さ」が重要である。

□情報のアンテナの張り方を上手にしておくと、「ほかの人には見えない部分」が見えてくる。

□東郷平八郎《とうごうへいはちろう》の「不動心《ふどうしん》」と、山本五十六《やまもといそろく》に見る「優柔不断《ゆうじゅうふだん》」の比較《ひかく》から、トップのリーダーシップと能力の差を感じ取れ。

□危機に持ち堪《こた》えるための「胆力《たんりょく》」と、「瞬時《しゅんじ》に解答を出す能力」を磨《みが》くべく、経営感覚、経営知識のストックを怠《おこた》らない。

◆第２章のポイント◆

□「下山《げざん》の思想」をできないことの言い訳に使うな。セルフ・ヘルプの精神を生かせ。

□語学の勉強は何歳《さい》からでも可能。国際化に向け、経営者自身も「英語の勉強」をし、自分に刺激《しげき》を与《あた》え、アンテナを広げることが大事である。

□知識や情報を集約すると、それがサービスへ転化していくということをよく知ること。

第3章

赤字企業《きぎょう》の脱出《だっしゅつ》法

――生き延《の》びるための経営体質診断《しんだん》――

二〇一二年一月十三日　説法《せっぽう》

東京都・幸福の科学総合本部にて

1 「経営は厳しいもの」と自覚せよ

「富《とみ》、無限《むげん》」の裏には、「努力、無限」がある

先般《せんぱん》、私は、幸福の科学の「大黒天《だいこくてん》」の方々に、「富《とみ》、無限《むげん》」という言葉をお教えし、瞑想《めいそう》指導も行いました（法話《ほうわ》「無限の富を宿す瞑想法」および「質疑応答」）。

もちろん、それは「ミラクルの法」の一つであり、宇宙や天上界《てんじょうかい》の力を引いて商売繁盛《はんじょう》を願うことも、大きな宗教的力の生かし方であると思います。

しかし、これがすべてではないこともまた事実です。幸福の科学の教えのなかには、「自助努力の教え」、自助論的な「セルフ・ヘルプの教え」も流れています。

幸福の科学の正心館《しょうしんかん》・精舎《しょうじゃ》で行われている経営者向けの主な研修と祈願

研　修

●『経営者の条件』特別研修 ―松下幸之助霊指導―

零細から大企業にまで通用する、経営者が勝ち続けるための精神論と実践の智慧を、御法話と公案を通して学ぶ。

●〈発展する企業〉研修（総本山・正心館限定）

使命の発見と、その実現のための器づくりを目指す。組織の発展を導く個人の能力をとことん開拓する３泊４日型研修。

●「徳川家康流『現代の経営』」秘密限定研修（名古屋正心館限定）

徳川家康霊によって、アベノミクスの後に必要な経営論が明らかに。創業と守成のバランスや、後継者を選び、育てるコツとは。

祈　願

●『ビル・ゲイツによる世界経営祈願』 ―ビル・ゲイツ守護霊特別霊指導―

大富豪ビル・ゲイツより、繁栄へのヒントを授かる祈願。世界標準になるような、製品・企画・サービスによって、会社が大成功・大発展するよう願う。

●『事業繁栄祈願』

事業発展へ向けての、力強い原動力を賜る祈願。仏のご加護を得、すべての経営資源を活かし切り、事業の繁栄を目指す。（松下幸之助による霊指導）

●『赤字脱出祈願』

“５つの具体的な改善策”を心に刻み込み、己の甘さを反省し、未来に向かう自己として新生し、経営危機からの脱出を天上界に誓う祈願。

●『社運向上祈願』 ―ドラッカー特別霊指導―

社運向上には、神々から賞賛される会社になること。そのためにドラッカー理論の真髄を会得し、圧倒的他力を頂く器をつくる祈願。

つまり、当会の教えは「自力」と「他力」の両方を包含《ほうがん》しているのです。「富、無限」と念じても、もちろん、そういう大きなものを受け取る志《こころざし》や器《うつわ》がなければ、豊かにはなれませんし、一方で、各人の努力や創意工夫《くふう》の部分が必要であることも事実です。

同じようなことを祈《いの》っていても、人によって、その現れ方は違《ちが》ってきます。それは、個人個人の生活態度や精進《しょうじん》、考え方等に違いがあるからです。

神秘的な目を持っていてもよいのですが、もう一つ、合理的な目も必要です。特に、経営には非常に合理的な側面があることを知っておいてください。

高度成長期には、「経営は、ごく当たり前にやっていれば、成功するものだ」という考えがありました。松下幸之助《まつしたこうのすけ》氏も、生前、時代によっては、「経営というものは、ごく自然に、天地自然の理《り》のとおりにやっていれば、成功するのだ」と言っていました。

高度成長期で、毎年、何パーセントも成長している状態のときには、そういう、「ヘマをしなければ成長する」という面は確かにあったと思います。

そのように、「成長するのが当たり前」「成功するのが当たり前」という考え方もありますが、いわゆるゼロ成長期になると、そのなかで会社が成長していくのは、それほど簡単なことではないでしょう。現今の政治や経済の状況《じょうきょう》等を踏《ふ》まえると、「それほど甘《あま》くはない」と心得ておいたほうがよいと思います。

自分の会社は一生懸命《いっしょうけんめい》に努力していても、周りの環境《かんきょう》が悪化してくることは十分にありえます。そして、あっという間に、製品が売れなくなったり、返品が相次いだり、銀行がお金を貸してくれなくなったりするので、外部環境の変化に疎《うと》いと、真っ先に潰《つぶ》れる会社になってしまうこともあります。

したがって、「いつも追い風が吹《ふ》いている」と思ってはなりません。

「富、無限」といっても、その裏には、やはり、「努力、無限」の教えがあります。そのことを知っておかなくてはならないのです。

ブームが一気に去った「たまごっち」や「インベーダーゲーム」

経営は、基本的、本質的には厳しいものです。そう思ってください。

もちろん、楽なときというか、「製品がヒットし、売れて売れて、しかたがない」というときもあるかもしれません。しかし、そういう場合には、そのあと、その企業《きぎょう》が倒産《とうさん》することもよくあります。

過去を振《ふ》り返ってみると、信じられないようなものが実によく売れたこともたくさんありますが、今では、その多くが忘れ去られています。

例えば、「たまごっち」という玩具《がんぐ》が、ずいぶん流行《はや》ったときもありました。あれは、「たまごから生まれた生き物を育てていると、それが成長して何か別のものに変わる」というゲーム機でした。

ある製品が流行り、その製造が販売《はんばい》に追いつかなくなると、会社側は工場の製造ラインを大いに増やしたりするのですが、あるとき、それがパタッと売れなくなります。そうなると、とたんに、拡張した製造ラインで製造するものがなくなりますし、その製品の販売組織も、たちまち駄目《だめ》になります。

流行っている製品であっても、それに人々が飽《あ》きてしまい、いつの間にか、潮が引いていくように売れなくなることがあるのです。

もっと昔には、喫茶《きっさ》店等で「インベーダーゲーム」というものが流行りました。私の高校時代ぐらいから流行りだしたと思います。

それは、ゲーム機を兼《か》ねたテーブルで行う、宇宙人を倒《たお》すゲームでした。当時は、怪獣《かいじゅう》をウルトラマン等が退治するようなテレビ番組が多かった時代なので、そういうゲームがたまたま流行ったのです。

そのときには、猫《ねこ》も杓子《しゃくし》もインベーダーゲームで、あちこちに、その機械が入っており、人々は、それをやりまくっていました。そのため、その機械をつくる製造ラインは、目いっぱい稼働《かどう》していたでしょうが、それも、いつの間にか、潮が引くように消えていきました。

本当に不思議ですが、ブームというものは去っていくのです。

「モーニング娘《むすめ》。」は不滅《ふめつ》かと思われていたのに、「AKB48」が出てきたら、あっという間に人気を奪《うば》われてしまいました。いわゆる「モー娘《むす》。」の時代がずっと続くかと思いきや、同じようなアイデアで企画されたグループが登場すると、その人気がスッと引いていったのです。

その「AKB48」も、次なるものが出てきたら、いずれにせよ人気を奪われる運命にあるわけなので、まったく怖《こわ》いものです。

長い目で見ると、世の中には追い風ばかりは吹《ふ》かない

世の中は「諸行無常《しょぎょうむじょう》」です。世の変転、流行り廃《すた》りには、本当に予想がつかないものがあります。

それを別な言葉で言うと、「経営は、環境のあらゆる変化に耐《た》えていかなくてはならない」ということです。経営は、基本的には厳しいものなのです。

特に、今の社長や重役陣《じん》は、それを知っておかなくてはなりません。自《みずか》らに甘い考え方を持っていると、「世の中には追い風ばかりは吹《ふ》かないのだ」ということを知る羽目になるでしょう。

「なぜ売れるか、分からない」と思うほど、儲《もう》かってしかたがないときもあるのですが、その売れ行きが、あっという間にパタッと止《と》まるときがあるのです。

その怖さには何とも言えないものがあります。

そのため、賢《かしこ》い会社の場合、一定のところで製造にブレーキをかけることもあります。ある製品が売れまくり、それが自社の売上の二十五パーセント以上を占《し》めた際に、「この製品に依存《いぞん》しすぎると、これが売れなくなったときに、会社が潰れるかもしれない」と考え、「いくら要請《ようせい》があっても、一定以上はつくらない」と決めて頑張《がんば》ったため、潰れずに済んだ会社もあります。

何が流行るか、本当に分かりません。世の中の空気のようなものが移っていったり、外国のものが何か移ってきたりして、似たようなものが流行るときがあるのです。

会社を経営していると、人生のうちで一回や二回は、そういうブームに乗れるときがあるかもしれませんが、長い目で見て均《なら》してみると、やはり、それほど追い風ばかりは吹かないのが現実なのです。

2　会社はなぜ倒産《とうさん》するのか

「安売り合戦《がっせん》」になると、体力のある企業《きぎょう》が残る

今、会社の倒産《とうさん》の率はかなり高いと思いますが、戦後の数十年を通して見れば、新しく会社を起こした場合、通常、三年以内には半分が潰《つぶ》れ、十年以内には八割が潰れ、十年たって生き残っているのは二割ぐらいです。

最近は、「もっともっと厳しい」と言われており、「十年たったら、百に一つか二つしか生き残っていない」という説もあるぐらいです。

いわゆる右肩《みぎかた》上がりの成長期なら、いろいろと成長する余地がたくさんあったのですが、横這《ば》いになってくると、「パイの取り合い」になり、「どこかが成長し

たら、どこかが潰れる」というような関係になってきます。

最近の新聞広告を見ると、全面広告等で、赤など、いろいろな色が入ったカラー刷りの宣伝がチラチラと目につきますが、あるスーパーが、「八・七パーセント、割引をします」などと広告したりしているのを見ると、「いよいよ、安売り合戦《がっせん》が始まるのかな」と感じます。その広告を見たライバル会社は、当然、刺激《しげき》され、対抗策《たいこうさく》を打ち出すからです。

値下げ合戦が始まると、本当は赤字でも、相手が潰れるまで値下げをすることがあります。こうなると、企業《きぎょう》としての体力のあるほうが残ります。「相手が潰れるまで安売りをし、相手が潰れたら、値段を元に戻《もど》す」という手があるのです。

一年で何回も店が入れ替《か》わることもある都心の厳しさ

私の近所では、一杯《いっぱい》千円ぐらいの高級な紅茶を出していた喫茶店《きっさてん》が潰れました。

その喫茶店は、ずっと安定的に経営できていたのですが、道路の反対側に、中国茶を出す店ができ、そこが、お昼のランチとして、ご飯付きで千円程度のお茶を出し始めたら、あっという間に倒産してしまったのです。

また、近くには、一年のうちに三回ぐらい店が入れ替《か》わっている所もあります。新しい店が入るたびに、私は、「もつのは〇〇ごろまでかな」と予想を立てたりしています。

第1章でも述べましたが、あるとき、その場所に新しくできたチョコレート店の人から、「いやあ、うちは絶対に大丈夫《だいじょうぶ》ですよ。うちは渋谷《しぶや》で成功していますから、ここでも大丈夫です」と言われたことがあります。「でも、この近くには有名なライバル店がありますよ」と私が言っても、その人は、「いや、負けません。うちも頑張《がんば》ります」と言っていたのですが、やはり、まもなく潰れました。

「バレンタインデーまで、もつといいですね」と私が言ったところ、「絶対に大丈夫です」と答えていたのですが、とっくの昔に潰れてしまい、今はもうありません。

そこは、一年どころか、数カ月、早いときには一カ月で店が回転しています。高額の家賃に耐《た》えられず、次々と潰れていくのです。

傍目《はため》には、その店が潰れることは分かるのですが、店の人たちは、「こんなよい場所に店を出せば、絶対、うまくいく」と思っています。

しかし、私は、次から次へと店が潰れていくのをずっと見てきたので、次の店が入ってきたとき、品物の価格と筋《すじ》を見れば、成功するか、撤退《てったい》しなくてはいけなくなるかが読め、「だいたい何カ月もつか」というところまで、かなり緻密《ちみつ》に推定できるのです。

岡目八目《おかめはちもく》で、それが私には分かるのですが、店の人たちは、「ここなら絶対に成功する」と思っているわけです。

そのようなことがあるので、本当に厳しい世の中だなと思います。

経営者にとって「うぬぼれ」は敵である

開店早々《そうそう》、雑誌などで取り上げられ、「東京の××に新しいお店ができ、客で賑《にぎ》わっている」というような記事を載《の》せられたため、そのあと、しばらくは大勢の客が来て、入店を断るような状況《じょうきょう》が続いたとしても、しばらくたつと、その店がなくなっていることもよくあります。あっという間に店がなくなるのです。

当会の本拠《ほんきょ》の近くにある白金《しろかね》で、ペ・ヨンジュン氏、いわゆるヨン様が韓国《かんこく》料理の店を開《ひら》いたことがあります。白金高輪《たかなわ》駅の近くに開店したあと、名古屋等にも開きました。

白金の店は夏場に開店したのですが、当初は、店に入れてもらえない客が出るほどの人気《にんき》でした。八月の段階で、「十二月まで予約がいっぱいです」と言うので、「さすがはヨン様だ。すごいなあ」と思っていたのですが、ふと気がつくと、その白金の店は、もう、ありはしないのです。

食事の値段はかなり高かったのですが、開店当初は人気があり、先々まで予約が入っていました。しかも、その店の近くにヨン様のファンクラブまででき、お店の応援《おうえん》をしているような状況でした。

近くに場所を借りて、おばさまファンが集《つど》いをしていたので、「いつまで続くのかな」と思ったものですが、韓国でヨン様の次の世代の俳優がたくさん出てくると、気がつけば、彼が副業で経営していた店は閉《し》まっていたのです。

「八月の時点で十二月まで予約が満杯」という状態だと、経営者は、うぬぼれざるをえないでしょう。これは、ありえないぐらいの大人気です。チェーン店だって、すぐに出したくなります。「これほど売れるのなら、あちこちにチェーン店を出そう」と思うでしょうが、うまくいかなくなって店を引き揚《あ》げるときは大変です。

歌手や俳優などには、「全盛期で多額の収入があるときに副業をつくっておき、自分が引退期に入ったときには、それで食べていけるようにしよう」と考える人もいます。そして、その経営を他の人に任せ、片手間でやり始めるのですが、目が届かないため、それが赤字になったり、うまくいかなかったりし、本業ともども失敗してしまうこともあります。

あるプロ野球選手は、不動産で多額の借金をつくり、〝投げる不動産屋〟といわれたこともありました。

また、相撲《すもう》の力士は、わりと引退の時期が早いので、現役《げんえき》時代に、ちゃんこ鍋《なべ》屋を開き、引退後の足場をつくる人もいますが、土俵《どひょう》の上で相撲を取るのと、ちゃんこ鍋屋で採算を取るのとは訳が違《ちが》うため、店の経営のほうは必ずしもうまくいかないのではないでしょうか。相撲の才能と商売の才能とは違うはずです。

「相撲で名前が売れていなければ、ちゃんこ鍋屋を開いても、おそらく駄目《だめ》だろうが、横綱《よこづな》であれば、ちゃんこ鍋屋でも成功するだろう」と考える人がいるかもしれません。しかし、実際にはそうではなく、店を潰さないためには、相撲の才能ほどではなくても、ある程度、商売の才能が必要でしょう。

世間一般《せけんいっぱん》を広く観察していると、やはり、「うぬぼれは敵なのだな」ということを、つくづく感じます。特に、経営者にとっては、そうです。「うまくいっている」と思い、自画自賛をしていると、環境《かんきょう》がガラリと変わり、あっという間に向かい風になってくることがあるのです。

常に「代替《だいたい》手段」や「万一《まんいつ》の場合の余力」を確保しておく

本章のもとになった説法《せっぽう》を行う日、出がけに、発刊されたばかりの週刊誌の記事を読んだのですが、そこには、「増税反対の論陣《ろんじん》を張っている評論家等がテレビに出られないように、一生懸命《いっしょうけんめい》、圧力がかかっている」という話が載っていました。

これは財務省筋からの圧力でしょう。彼らは、こういう手を使います。「あの人をテレビに出すのであれば、うちの大臣を、おたくのテレビには出しませんからね」などと言うわけです。こういうやり方で圧力をかけ、テレビに出られないようにして、その人を外していきます。こういうことが起きているのです。

特に、役人を辞《や》め、評論活動等で飯《めし》を食べていこうと思っているような人は、テレビに出られないようにされたり、雑誌に書けないようにされたりすると、あっという間に食べていけなくなります。給料が出ない身になると、そういう〝兵糧《ひょうろう》攻《ぜ》め〟には弱い立場になるのです。

また、新聞社でも、増税に反対していた産経新聞には、国税庁の査察が入りました。そうすると、新聞社などのマスコミは、慌《あわ》てて増税賛成論に変わったりすることがあるわけです。

何かのタブーに触《ふ》れると、財務省など、大きな国家機構が働いて、攻撃《こうげき》されることもあります。また、国家機構ではなくても、いろいろな圧力団体が日本には数多くあるので、そこから横槍《よこやり》を入れられることもあります。

それから、会社が有名になってきたり、大きくなってきたりすると、もちろん、〝撃《う》ち落とし〟も起きてきます。何か罠《わな》を仕《し》掛《か》けられ、撃ち落とされることもあるので、なかなか厳しいものがあります。

悪い噂《うわさ》を少しでも流されると、「世の中を騒《さわ》がせた」という理由だけで、今の立場を辞めなくてはいけなくなることもあります。

そういう意味では、「経営には、地雷原《じらいげん》のなかを走っているような怖《こわ》さが、つきものである」と言えます。

したがって、ギリギリいっぱいで経営できているような状況は、あまり望ましいことではありません。常に「代替《だいたい》手段」や「万一《まんいつ》の場合等の余力」を確保しておくことが大事なのです。

3　経営者は会社と共に成長せよ

規模相応に「考え方」や「行動」を変えなくてはならない

経営者にとって、最も難しいことは何でしょうか。

経営陣《じん》に加わったり、経営トップになったりした人の場合、どうしても、自信家になり、自分に甘《あま》くなってくる傾向《けいこう》があります。

「自分に甘くなる」ということが、自己信頼《しんらい》のレベルで止《と》まっているうちはよいのですが、「自己信頼」から「利己心」のほうに振《ふ》れていったときには、いつの間にか虫歯が進行しているような状況《じょうきょう》になり、会社が腐《くさ》っていくことはよくあります。これは経営者にとって非常に難しい部分です。

特に、個人で始めて大きくしていったような企業《きぎょう》の場合には、経営者は、企業の成長の規模相応に、考え方や行動などを変えていかなくてはなりません。

要するに、経営者や経営陣にも、成長しなくてはいけないところがあるのです。それについて、的確な教科書となる著作等はあまりないのですが、経営指導をしているような人が、たまに、いろいろと厳しいことを言ったり書いたりしてくれる場合もあります。また、経営者で、だいたい自分の代が終わったような人が書いた自伝を読み、「こんなことがあったのか」と思って、自分の過去の事例を反省することもあります。

会社を一代で大きくしていく場合には、知らないことはたくさんあります。ただ、目には見えませんが、「組織」「売上」「従業員数」「資金」などの規模が一定のレベルを超《こ》えたときには、考え方を変えていかなくてはなりません。もっとも、それをタイミングよく見抜《みぬ》くのは、なかなか困難なことなのです。

トップが発揮できない能力の部分はチームで補っていく

あまりにも会社が急成長すると、トップ自身が落ちこぼれることもあります。

以前、「スティーブ・ジョブズの霊言《れいげん》」を録《と》ったのですが（『公開霊言 スティーブ・ジョブズ 衝撃《しょうげき》の復活』〔幸福の科学出版刊〕参照）、コンピュータ会社のアップルでは、「製品が売れすぎたため、運営ができなくなり、トップが落ちこぼれる」ということが現実に起きました。

「製品をつくる」ということと、「大きくなった会社を管理し、運営して、社員に給料を払《はら》えるようにしていく」ということは能力的に違《ちが》うので、管理運営のほうまではできなくなったのです。

これと同じようなことは、日本でも、あのライブドアの社長、いわゆるホリエモン（堀《ほり》江《え》貴文《たかふみ》氏）に起きました。

彼の会社は急成長しましたが、全然、幹部が育っていませんでした。ほとんどの人が入社一年目か二年目であり、入社一年目で子会社の社長をしている人もいたのです。それは、それなりに勢いがあって面白《おもしろ》いのですが、あまりにも人が育っていなかった面はありました。また、法律知識などについても未熟であり、知らないことが多すぎたと言えます。

製品力、ソフト力に強みがあって伸《の》びた会社の場合、それ以外のところに弱みのあることが多いのです。技術系というか、ソフトの開発に強い会社は、いわゆる管理部門を疎《おろそ》かにしやすく、人事、総務、財務、経理等が弱いのが普通《ふつう》です。

おそらく、スティーブ・ジョブズ氏は、新しいものをつくることには関心があっても、管理部門の仕事についてはあまり強くなく、誰《だれ》かが補わないかぎり、できなかったのでしょう。

ホンダ（本田技研工業株式会社）もそうだったと思います。創業者の本田宗一《ほんだそういち》郎《ろう》氏は、ものをつくるのが好きで、ものづくりの天才だったものの、管理部門については分からない人でした。ただ、相棒（藤沢武夫《ふじさわたけお》氏）がいたので、成功できたわけです。

相棒が一人いて、二人で組む場合や、三人から五人ぐらいでチームをつくる場合など、いろいろありますが、何人かが力を出し合って、うまくチームがつくれたときには、発展の軌道《きどう》に乗ることがあります。

経営に必要な能力をすべて持っている人はいないものですし、もし、いたとしても、その能力のすべてを全開することは不可能です。ピーター・ドラッカーも、生前、「経営トップに要求される能力は五つか六つはあるものだが、実際に自分自身でやれるのは二つぐらいが限度ではないか」と言っていました。

例えば、ものづくりができる人であっても、次に営業まで入ってくると、仕事が二つになります。そして、ものづくりと営業まではできたとしても、それに人

事管理や資金繰《ぐ》りが加わると、だんだん厳しくなってきます。さらに、「人を教育して育てる」ということまで加わると、いっそう難しくなるのです。

また、トップに必要な能力の一つとして、会社のＰＲ能力もあります。トップは雑誌などに出て会社や製品などを宣伝しなくてはならないのです。例えば、ソニーの盛田《もりた》昭夫《あきお》氏は、全盛期にはＰＲをしっかりと行《おこな》っていたと思います。

ＰＲも一つの仕事なので、ＰＲ役の人がいてもよいのですが、ものづくりをするほうの人がPRをしすぎると、やはり、エネルギーが抜けていきます。

トップは、自分の持つ能力の全部を使うことはできないので、どれかを選択《せんたく》しなくてはいけなくなります。それは心得ておかなくてはいけません。

もし、たまたま、全部をやれる人がいたとしても、やはり、重点はあって、一番目に大事なものと二番目に大事なものぐらいは、外さないようにしなくてはいけないでしょうし、通常、全部はできないので、ほかの部分については、腹心《ふくしん》の部下なり協力者なりを得て、その人に任せなければいけないのです。

運よく、そういう人を確保することができ、そのあと、共に成長していけたら、幸福だと言えるでしょう。

ライブドア元社長の堀江《ほりえ》氏と楽天《らくてん》の三木谷《みきたに》氏の違《ちが》い

会社の成長と共に、経営者や社員にも、人格的あるいは能力的成長が見込《みこ》まれなければなりませんが、実際上、それには無理があります。そのため、会社が急成長するときには、その成長に合わせて全員が成長することはなく、成長についてくる人よりも、落ちこぼれていく人のほうが、はるかに多くなります。

別な言葉で言えば、「落ちこぼれる人の数が多ければ多いほど、会社が急発展している」ということでもあるのです。

急発展する企業の場合、その初期に辞《や》める人の数は、ものすごく多いのですが、それは、あっという間に、ついていけなくなるからです。会社が急激に変わっていくので、去年教わったことを、今年はもう教えられず、教えても無駄《むだ》になってしまうのです。これは厳しいことです。

前述のアップル社の例で述べると、スティーブ・ジョブズ氏では会社の運営ができなくなったため、ペプシコーラの経営者のジョン・スカリー氏が、アップル社に経営者として呼ばれたのですが、スカリー氏は、「着任時にアップル社の社員の服装を見たら、ペプシコーラの整備員の服装より悪かった」と言っていました。よほどラフな格好をして、自由に仕事をしていたのでしょう。そのほうが発想が湧《わ》くのでしょうが、その格好では、通常、ほかの会社に行って営業をしたり、銀行からお金を借り入れたりすることは難しくなります。

こういう部分は意外に大きく効くのです。

例えば、ライブドア元社長の堀江《ほりえ》氏は逮捕《たいほ》されましたが、彼は、いつも、ポロシャツやTシャツなどを着て、ラフな格好で歩き回っていました。自由な発想では、そうなるのでしょう。

一方、ライバル会社であった楽天《らくてん》の三木谷浩史《みきたにひろし》氏のほうは、銀行に勤めた経験もあるので、背広とネクタイがよく似合うところもあり、経団連の年長者たちに気に入られ、かわいがられて、護《まも》ってもらえた面はあるようです。ただ、三木谷氏は、今は経団連と少し距離《きょり》を取っているようです。

この二人は、同じように、プロ野球の球団やテレビ局を買おうとしたのですが、「塀《へい》の内側に落ちるか、外側に落ちるか」の違《ちが》いは微妙《びみょう》なところにあり、意外に外見の印象などの影響《えいきょう》もあるのです。

したがって、一定のレベルを超えると、周りの目に合わせた自分に変えていかなくてはならない面があるわけです。

「大企業《だいきぎょう》のやり方」は中小企業にはそのまま通用しない

個人か夫婦《ふうふ》ぐらいで始めた会社の場合、「公私混同」は普通です。家のお金なのか、会社のお金なのか、ほとんど分からない状態なのです。

有限会社等を名乗ってはいても、八百屋《やおや》や魚屋、菓子《かし》屋などでは、どこまでが「公《こう》」で、どこからが「私《し》」なのか、誰にも分かりはしないので、あるお金を使って何を買っているか、分からないような状況が長く続きます。

税務署にかなり教育されて、次第《しだい》に用心し始め、いろいろと分けたりするようにはなっていくのですが、最初は、それが分からず、「どんぶり勘定《かんじょう》」で経営していきます。従業員も、店のなかでご飯を食べたりするため、公私の区別が分からないような状態になっていることが多いのです。

しかし、一定の組織になっていくには、どこかで変わらなければなりません。

ただ、変わるのが早すぎても駄目《だめ》なのです。

学歴のない中小企業《きぎょう》の経営者が、子供に高学歴をつけさせ、大企業に入れて経験を積ませ、そのあと、自分の会社に入れたところ、その子があまりにも大企業的なことをしすぎたため、会社が潰《つぶ》れてしまうこともあります。

例えば、「家は中小企業なのに、息子《むすこ》を従業員数が万の単位の大会社に勤めさせ、やがて呼び戻《もど》して重役にし、常務か専務をやらせたら、息子が、たちまち大型コンピュータを導入し、コンピュータ要員をたくさん雇《やと》って、大会社でやっていたのと同じことをし始めた」という話もあります。

その息子は、「大型コンピュータは中小企業には要《い》らない」ということが分からず、「これが進化なのだ」と考えたのです。自分の会社がその段階まで行くには、まだ、かなり時間がかかるのに、そのギャップが分からず、大企業と同じことをしてしまったわけです。

二十年以上前になりますが、当会にも初期には大企業から移ってきた人がいました。もちろん、中小企業から来た人もいましたが、中小企業を苦労して経営してきた人は、当会を見て、「大会社のような動きをしていますね。経費の使い方が半端《はんぱ》ではありません」と言っていました。

大きな会社から来た人は〝当たり前〟の行動をしていただけなのですが、小さな会社の経験者は、「コピー用紙の一枚だって惜《お》しい」と言い、お金の使い方を細々《こまごま》と部下にしつけていました。

また、「大きな事務所をポンポン借り、人を数多く雇って、経費をガンガン使っている」と言われたこともあります。

当会の初期には、このあたりについて、十分に分からず、仕事をしている面もあったわけです。

会社の規模相応に「考え方」「行動」を変える

- ●経営者の心が「自己信頼」から「利己心」へと振れたとき、会社が腐り始める。
- ●個人で始めた零細企業は、「どんぶり勘定」からの脱皮が、一定の組織になるための目安である。
- ●中小企業では、「大企業のやり方」が必ずしも通用しない。その段階に向かう時間のギャップを見定めよ。

4　宗教経営の特徴《とくちょう》に学ぶ

宗教には「教祖でなければつくれないもの」がある

宗教の場合、どのような大宗教であっても、大企業《だいきぎょう》に比べると、その経営規模は小さいものですし、資金の規模も、それほど大きいものではありません。その理由は、はっきりしています。宗教は、企業の製品に当たるものを、〝従業員〟で自由につくれるわけではないからです。

会社であれば、製品は従業員がつくればよく、誰《だれ》がつくろうと構いません。例えば、ホンダなら、オートバイであれ、車であれ、「必ず社長がつくったものでなければならない」という制約はないわけです。

社長は、いちおう、何らかのかたちで製品のチェックはしているでしょうし、新車のデザインや発売にはかかわっているでしょうが、製品自体は、新しく雇《やと》い入れられた人たちが分業してつくっても、それで世間《せけん》から怒《おこ》られることはなく、インチキでも何でもありません。

ところが、宗教の場合、教祖以外の人たちが〝商品〟をつくり放題というわけにはいかないのです。これを行うと、インチキ商売に限りなく近く見えます。

「マニュアルさえあれば、誰であってもできる」というような宗教は、よく警察に捜査《そうさ》に入られています。

ある教団には、「このとおりにやれば霊能者《れいのうしゃ》のふりができる」というようなマニュアルがあり、そのとおりに行われていました。

また、自分で著作を書けない教祖が、外部のフリーライターに頼《たの》んで、「足の裏を見て、吉相《きっそう》か凶相《きょうそう》かを占《うらな》う」という内容の本を書いてもらい、それを自分の著書として出していたこともありました。

そのゴーストライターは、自分の足の裏を見て、それを「最もよい相だ」として書いたのですが、その教団は、そういう本を信者たちに売りまくっていました。

そして、そのライターが、その教団の施設《しせつ》に行き、自分の足の裏を見せたところ、教団のプロの修行者《しゅぎょうしゃ》か何かが、「うーん。これは、まれに見る吉相です。こんなよい相は、これまで見たことがありません。理想的な相です」と言ったそうです。その吉相のモデルは自分の足なのですから、それは当然でしょう。

しかし、これは明らかにインチキであり、その教団の教祖が詐欺《さぎ》罪で捕《つか》まった理由でもあります。

宗教には、そういうインチキ性があると駄目《だめ》なのです。

天上界《てんじょうかい》の霊《れい》を降ろすには「霊調《れいちょう》の管理」が不可欠

私であれば、「天上界《てんじょうかい》の霊《れい》が降りなくなったが、しかたがないから、霊が降りたことにしよう」というわけにはいきません。

私は、三十年、教団運営を行《おこな》っていますが、最も大事だったことは「霊調《れいちょう》の管理」です。

霊能者にとってはコンディションの調整が大切なのですが、必ずしも絶好調の状態を常に維持《いじ》できるわけではありません。病気をするときもあれば、疲《つか》れが溜《た》まっているときもありますし、対人関係が非常に難しいときもあります。

「そのようなときであっても、精神統一ができ、心に穢《けが》れがなく、天上界と同通して、霊をきちんと降ろせるかどうか」ということになると、これは、まさしく、非常に微細《びさい》な精度を誇《ほこ》っている研究所などで、ゴミや埃《ほこり》をよけている状態によく似ています。殺菌《さっきん》をし、白衣を着て、マスクをかけて、なかに入ることに似たようなものなのです。

「何回も霊降ろしをしているのだから、たまには悪霊《あくれい》も入るよ」というような感じで行うわけにはいきません。そのため、回数が増えれば、やはり、それなりに難しくはなってきます。

天上界の霊を降ろせる状態を維持するのは、とても難しいことであり、私は、三十年以上、それ相応に苦労してきました。

私が仄聞《そくぶん》したところでは、当会よりも少し先発の某《ぼう》宗教の二代目に関して、次のようなことがあったようです。これは、その宗教の幹部をしていて、初期に当会に入信した人が実際に見聞した光景です。

教団の跡《あと》を継《つ》いだばかりの二代目が、公会堂で講演をするため、控《ひか》え室にいたときのことですが、その二代目は、演壇《えんだん》に上がる前の控え室で、女性なのに、

「イッヒッヒ。ついに、わしの時代が来たのじゃ」というようなことを言っていたらしいのです。その幹部の人は、それを見て、「ああ、完全に悪魔《あくま》が入っている」と分かったそうです。

その二代目教祖は、そういう状態で講演をしたのでしょうが、教祖は、そういう状態をつくってはならないのです。ここが実は教祖の難しいところです。「ほかの人に分かりはしないから、霊として何が入っていても構わない」という見方もあるかもしれませんが、教祖にとっては、そういう状態をつくらないように努力することが大事なのです。

そのためには、「日常生活の管理」「習慣を正すこと」「謙虚《けんきょ》な努力・精進《しょうじん》」等が要求されます。また、「生活があまり不規則になりすぎないようにする」ということも大切です。

お酒の好きな人は大勢いるでしょうが、中身のある話をする霊降ろしの場合には、お酒を飲むと具合が悪いのです。お酒を飲むと、当然、理性が麻痺《まひ》してきて、コントロールが利《き》かなくなり、どのような霊であっても入りやすくなるので、霊降ろしをする前には飲酒を避《さ》ける必要があるわけです。

日本神道《しんとう》では、お神酒《みき》を飲むときもよくあるのですが、単純な話で済むレベルであれば、それでも構わないでしょう。「歌って踊《おど》って陽気に生きよう」というような話で済むレベルだったら、それでもよいと思うのです。

しかし、「国の財政政策は正しいか」「日銀のコントロールは正しいか」などという話になってきたら、お酒を飲んだような状態では無理なので、それ相応の精神集中が要《い》ります。

このあたりが私の最も苦労したところです。いつも天上界の霊を降ろせるようにするためには、そうとう強い意志を持っていなくてはなりませんし、自己管理能力もなければならないのです。

5 「公人」としての意識を持て

「自分よりも会社を取る」か、「会社よりも自分を取る」か

会社が発展する過程では、経営者や経営陣《じん》には、「自分が経営してきた」という気持ちも、当然、強いのですが、やがて、「私」と「会社」とが天秤《てんびん》にかかる時期が必ず来て、「そのときに、どうするか」が試《ため》されることになります。

その際、「自分よりも会社を取る」というタイプ、会社を生かそうとする経営者の場合には、会社が潰《つぶ》れないことは多いのですが、逆に、「会社よりも自分を取る」というタイプの経営者の場合には、会社が潰れていく傾向《けいこう》が強いのです。

それは、前述したように、利己心の部分によって、どうしても、天上界《てんじょうかい》から

「富、無限」の支援《しえん》が受けられなくなると同時に、周りの人たちの協力も十分に受けられなくなるからだろうと思います。

そういうことがあり、「公《こう》」と「私《し》」の分け方は難しいのです。

会社が、ある程度の規模になると、経営者は公人になります。

例えば、上場企業《じょうじょうきぎょう》であれば、部長ぐらいから上の人事が日経新聞等に発表されます。それも、「四月一日付」などというように、「先日付《さきひづ》け」で発表されることもあります。上場企業には数多くの取引先があり、いろいろなところと関係があるので、その人事を新聞が載《の》せているわけですが、そのようになってきたら、かなり公的な存在になっていると言えます。

そうなると、家族との関係等が非常に難しくなってくる面もあります。アメリカの映画を観《み》ると、「家族の絆《きずな》」と「職責を果たすこと」との板挟《いたばさ》みを描《えが》いた映画が非常に多いのですが、これは、たいへん難しい問題であろうと思います。

結局、最後は人生観の選択《せんたく》の問題ではあるでしょうが、法則的に見れば、そういう板挟みがかなり起こっているのです。

法人には「〝生き物〟として生き延《の》びなければならない」という原理が働く

有限会社であろうと、株式会社であろうと、あるいは会社以外の組織であろうと、「法人」というかたちの一定の組織は、「自然人《しぜんじん》」ではありませんが、やはり〝生き物〟なのです。そして、「生き物として生き延《の》びなければならない」という原理が必ず働いてくるのです。

生き物として生き延びるためには何が必要でしょうか。

例えば、新事業の開発等の初期においては、ある程度、赤字であっても、余力があれば生き延びられますが、「ゴーイングコンサーン（継続《けいぞく》する企業）」として存在していくためには、赤字の部分に関して、一定のめどで黒字転換《てんかん》をかけていかなくてはなりません。あるいは、別のところで〝ドル箱〟（の部門）をつくり、きちんと赤字が埋《う》まるようにしていかなければならないのです。

これが企業体には要求されてきます。

したがって、たとえ、どれほど優秀《ゆうしゅう》な人であっても、企業体が存続できない状態に置かれた場合には、その立場にい続けることはできません。そういうことが起きます。個人としては優秀であっても、そういう体質を企業につくれなければ、やはり、厳しい状況《じょうきょう》に置かれることがあるわけです。

「人材の入れ替《か》え」の際、経営陣《じん》には「非情な判断」が求められる

三十年、私は教団を運営してきましたが、本当に最も難しかったのは、「あるときには活躍《かつやく》できた人が、別なときには活躍できなくなる」ということです。

流れが変わってくるというか、遺伝子が変わってくるというか、「社会から要

求されるもの」や、「教団としての使命の位置づけ」が変わってくるときがあるのです。そういうときに、こぼれ落ちていく人がいます。必ずしも、ハンドルを切って、ついてこられる人ばかりではないのです。

ポテンシャル（潜在《せんざい》的能力）がある場合には、努力して、ついてくることはありますが、その前に出来上がってしまっている場合には、組織体が変わってくると、ついてこられなくなります。

このときに組織との利害相反《そうはん》が起きてきます。この問題の解決が、とても難しいのです。結局、どうしても合わなくなると、組織にとって有害な部分を取り除かなくてはいけなくなってくるのです。

野球で言えば、かつての四番バッターや大投手が、今は能力的にそうではない場合、しかたがないので、他の者に替《か》えなくてはいけません。

「エースナンバーを取られたら、この人は自殺するかもしれない」という怖《こわ》さはあります。「エースだからこそ、チームにいてくれるのであり、エースではなくなり、リリーフに回されると、もしかしたら、辞《や》めてしまうかもしれないし、自殺するかもしれない」という不安もあるのですが、「エースとしての使命を果たせない」と思えば、やはり、替えていかなければなりません。そういう時期があるのです。

このあたりについて、経営者や経営陣《じん》は非情な判断をしていかなくてはなりません。これが、経営者にとって、本当は最もつらい仕事でしょう。

ただ、これができない人の会社は、小さい規模のままで留《とど》まっていないと、存続することは無理だろうと思います。家族的に和気あいあいと仕事をしていられる、ごく小さな規模のうちは、それでも構わないでしょうが、規模が大きくなってきたら、そうではない面を持ってこないと、どうしても無理になってきます。

これは、とてもとても難しいことです。

大きな組織のなかにいる人には、立場相応に、客観的な能力がどうしても要求されます。「このくらいの能力がなければ、この仕事は務まらない」というレベルが、どうしてもあるのです。

しかし、個人的に深い縁《えん》があったり、知り合いや友人だったりして、いろいろな関係があると、その人に対して非情な判断を下せなくなることがあります。

私は、幸福の科学を始めるとき、自分の知り合いや友人には、一切《いっさい》、声をかけませんでした。「そういう人たちを連れてきて一緒《いっしょ》に始めても、あとで無理になるだろう」ということが、だいたい分かっていたからです。

そこで、何の人間関係もない、本当に見知らぬ人たち、すなわち、全国から集まってきた見知らぬ信者の群れのなかから、出家《しゅっけ》してくれる人たちを募《つの》って教団を運営してきましたし、幹部等の入れ替えも行《おこな》ってきました。

個人的な深い関係がないがゆえに、かえって、能力を判定しながらその人を活用してこられたところがあります。

こういう点が非常に厳しいのではないかと思います。

利己心や名誉心《めいよしん》が強いと、自分の能力不足に気づかない

内閣に関しては、「一内閣一《いち》仕事」「一人の総理には一つの仕事しかできない」とよく言われ、総理大臣はすぐに交替《こうたい》になったりします。

実は、一つの仕事を行い、次の仕事に取りかかるときには、難しい問題があるのです。違《ちが》う方向に向きを切り替えていくのは、非常につらいことです。

トップのほうは切り替えられても、部下たちのなかには、ついてこられない者がどうしても出てくるので、そのときの処遇《しょぐう》の仕方はとても難しいのです。

単純に、その人に辞めてもらえばよい場合もありますが、辞めた人は、ライバル店を開くこともありますし、いろいろと前の会社の悪口を言うこともあります。

こういうことも起きるので、その処遇には、なかなか難しいものがあります。

こうした能力不足は、経営学をきちんと勉強していたり、ほかの会社を見ていたりすれば、偶然《ぐうぜん》ではなく、過去に何度も起きていること、いわば法則であることが分かるのですが、自分に関しては、その法則が働いていることが分からないのです。

それは、自分の利己心や名誉心《めいよしん》が強くなっているからです。あくまでも利己心や名誉心が強いため、自分の能力不足に気づかず、「あなたは、ここのところで駄目《だめ》になっているのだ」と言われても分からないのです。

ただ、経営学関係のテキスト等を数多く読めば読むほど、「これは何度でも起きることだ」ということが分かります。

こういう場合には、その人を、能力的に合うと思われる部署に移し、そこで仕事ができるかどうかを見なくてはいけません。そして、どこであっても使えなく

経営者は「公人」としての意識を持つべし

●「自分よりも会社を取る」タイプは会社を潰さず、「会社よりも自分を取る」タイプの場合は、会社が潰れていく傾向がある。

●組織発展のため、「人材の入れ替え」には「非情な判断」が求められる。

なった場合には、お金を払《はら》って辞めてもらわなくてはいけなくなります。

ただ、これは、情においても、とても忍《しの》びないことです。そのため、人から尊敬されたかったり、「よい社長だと思われたい」という気持ちが強かったりすると、なかなか、これができないわけですが、そのできないことを、やってのけなくてはならないのです。

6　黒字を出し続けよ

組織が継続《けいぞく》していくためには「利益」が必要

会社が大きくなるほど、経営者にとって厳しくなってくることが、もう一つあります。それは「利益の部分」です。

ピーター・ドラッカーが、生前、「たとえ天使が経営者であっても、利益を無視することはできない」ということを言っていたように、会社の経営において、利益の概念《がいねん》、あるいは収益の概念は、どうしても入ってきます。

利益の部分がないと、組織が発展する余地はありません。利益とは、「組織が継続《けいぞく》していくためのコスト」であり、どうしても必要な部分なのです。「利益が出ない」ということは、これ以上、発展の余地がないこと、あるいは衰退《すいたい》していくことを意味します。

最初は、利益について、「そんなもの」と思ったとしても、やはり、必要なものは必要なのです。それは、言葉を換《か》えて言えば、「黒字でなければ生きていけない」ということです。絶えず黒字を出さなければいけません。

黒字を出し続けるためには、赤字部門に関して、できるだけ赤字を減らしていく工夫《くふう》が必要ですし、次には、それを収支トントンに持っていく工夫が必要です。

さらには、トントンから黒字に持っていく工夫をしなくてはいけません。

また、黒字の部分については、黒字の幅《はば》をもっと増やすように努力しなくてはいけませんし、今の黒字部門だけで十分でなければ、新しい黒字部門をつくり出していく努力もしなくてはいけません。

そして、「トータルで、どのように経営できているか」というところを見なくてはならないのです。

経営理念によって、「浪費《ろうひ》か、投資か」の見極《みきわ》めを

ここで難しいことは、「単なる浪費《ろうひ》か、未来のための投資か」ということの見《み》極《きわ》めです。これが、とても難しいのです。

将来、会社にとって大事な幹の部分になるものであっても、初期のうちには、どうしても採算に乗らなかったり、無駄《むだ》なように見えたりすることがあるので、「これは、単なる浪費なのか。それとも、未来のための投資なのか」ということの見極めが大事なのです。

これを判断する基準は、基本的には会社の経営理念です。「当社の経営理念」というものに照らして、「この事業には存続の意義があるかどうか」ということを、心を空《むな》しゅうして考える必要があるのです。

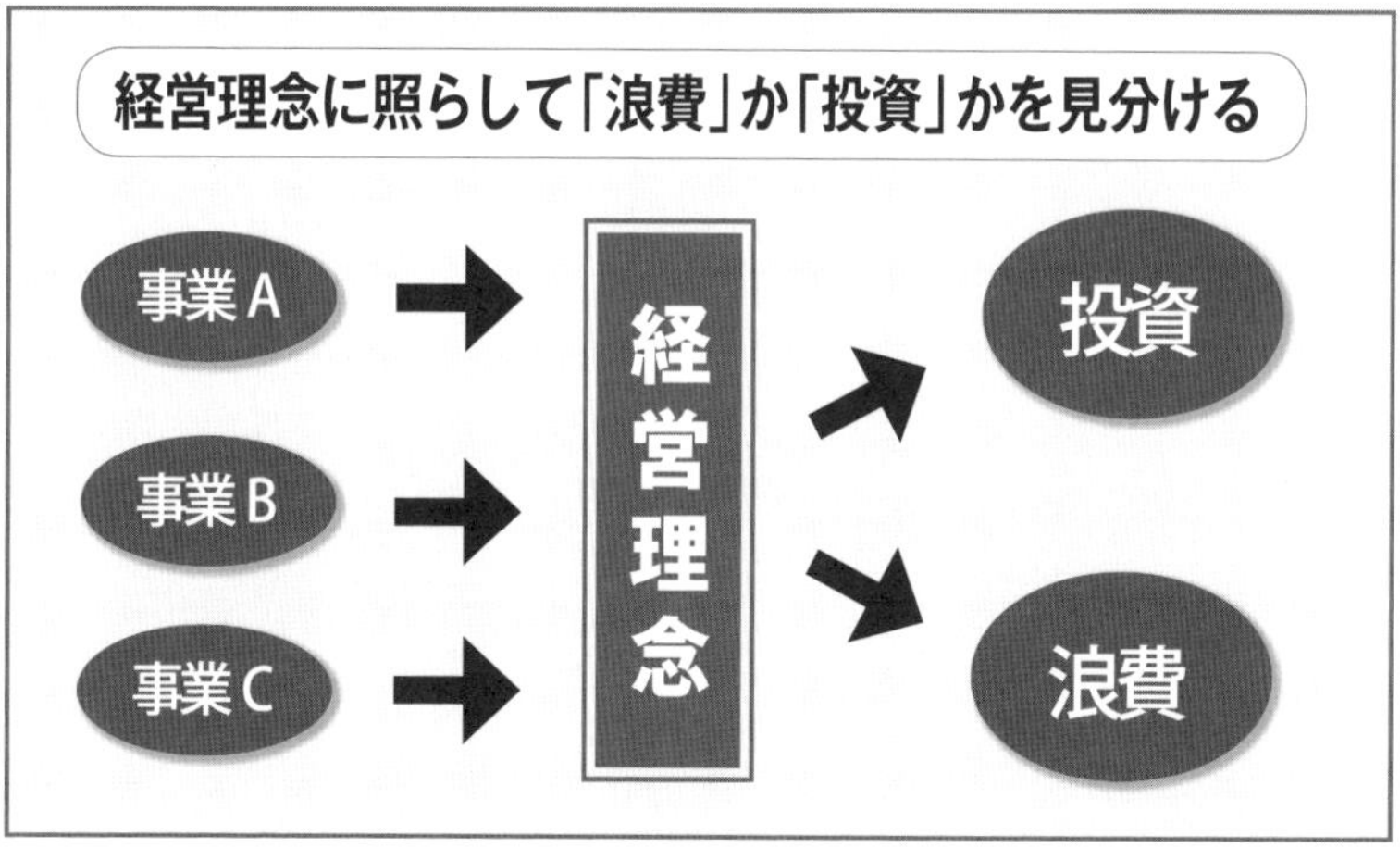

そして、「これは、天下国家のために、人類のために、どうしても、やらなくてはいけないことだ」「世の中のために、この業界のために、やらなくてはならないことだ」ということであるならば、何とかして、その事業を続けられるように頑張《がんば》るべきです。

しかし、「これは自分の単なる思いつきだった」ということであれば、それを引っ込《こ》めなければいけないこともあるでしょう。

そのあたりの考え方が大事です。

経営者は、アイデアが豊富でなければ、やっていられない存在であり、アイデアが次々と湧《わ》き出してきて困るようなタイプでなければ、なかなか、新しい企業《きぎょう》をつくったりはできません。

しかし、その湧き出してくるアイデアの全部がヒットするわけではないので、いわば剪定《せんてい》をしなくてはいけないのです。「大事なもの」「残さなくてはいけないもの」と「要《い》らないもの」とを分けたり、「採算が取れるもの」と「取れないもの」とを分けたりしていかなければなりません。この剪定には厳しいものがあります。

そういう意味では、トップがアイデアマンの場合には、そのサブ、補佐《ほさ》役のところに、それをきっちりと締《し》める実務家がいなければならないでしょう。新しい企業の場合には、そういうスタイルがよくあります。

逆に、「トップは締め上げるだけで、下のほうにアイデアの豊富な人がいる」というスタイルの場合には、なかなかうまくいかないことが多いのです。

起業してから時間がずいぶん経過し、大企業になって、役所のような組織になり、「こまめな管理ができていればよい」という状態になっている場合には、下にアイデアマンがいても、そのアイデアは、生かされないうちに潰《つぶ》れることがよくあります。

こういう会社では、若手や中堅《ちゅうけん》で、起業力やアイデア力の高い人が、辞《や》めて独立したり、他社に移ったりするケースが増えてきます。

それは、「会社の中枢《ちゅうすう》部や頭脳部分の老朽《ろうきゅう》化が進んでいる」ということでもあるでしょう。

7　「放置されると、組織は潰《つぶ》れる」と自戒《じかい》せよ

会社にも経費のチェックなどの〝健康管理〟が要《い》る

経営者は、まず、会社の業績を伸《の》ばすことを中心に考えなくてはいけません。

ただ、会社も人間の体と同じで、「ご飯をたくさん食べさえすれば、元気が出る」というのは〝成長期の子供〟の段階であり、一定の年齢《ねんれい》を超《こ》えた場合には、「ご飯を食べ放題、ものを飲み放題」というわけにはいかなくなり、節制が必要になります。

トップや経営陣《じん》にも健康管理が要《い》りますが、会社にも〝健康管理〟が要ります。すなわち、内部での監査《かんさ》が必要であり、経費をチェックし、「資金が有効に使

われているか」というところまで見なければいけません。さらには、「借金はどのくらいあるか」「累積《るいせき》の利益は貯金として残っているか」ということなどを、バランスよく見ていく力が必要になってきます。

絶えず「新しい仕事の種」を探し続ける

トップは、生き物としての法人が生き延《の》びていくために、「組織は、放っておかれれば潰《つぶ》れてしまうものだ」という見方も持っていなくてはいけません。「何をしても成功する」という見方もあるでしょう。しかし、つらいことではありますが、「組織は、自然に放置されると、死んでいくものなのだ」ということを、常に知っておかなくてはならないのです。

光明《こうみょう》思想系の本が数多く欧米《おうべい》から入ってきていますが、それらは、たいてい、セールスマン系統の人が、「このような思いを持てば、成功して、売上が伸び、トップセールスマンになれる」というようなことを書いたものです。

しかし、「大勢の人を使う組織での成功論」に関しては、大会社のトップたちは、口が堅《かた》く、成功の秘訣《ひけつ》をそう簡単には明かさないので、外部の人には分からないのです。

個人で仕事をしている人には、成功の秘訣を言う人も多いのですが、大きな会社をつくった人は、そう簡単には口を割りません。引退のときか、もう影響《えいきょう》が出なくなったときに、著書などが出てくることはありますが、普通《ふつう》は口を割ってくれないため、外からは成功の秘訣が分からないものなのです。

ただ、「組織は、放置されると、壊《こわ》れていくか、死んでいくものだ」ということは、よく知っておかなくてはなりません。

したがって、常に、新しい血を入れ、新しいエネルギーを補給しつつ、老廃物《ろうはいぶつ》を出し、新陳代謝《しんちんたいしゃ》をしていかなくてはならないのです。

絶えず〝新しい仕事の種〟を探し続けなくてはいけませんし、いつも、次なるものを考えておかなくてはなりません。

やがては、「イエスか、ノーか」ということを判断し、それをはっきりと言わなくてはいけない時期がやってきます。「何でもイエス」では済まないこともあるのです。

「社会の風潮」や「経済ニュース」にも目を光らせる

「組織は、放置されると潰れるものなのだ」という見方は、逆の意味で、一つの悟《さと》りでもあります。不況《ふきょう》期には、それも知っておかなくてはなりません。

例えば、政府当局が考えているとおりに、消費税率を、十パーセント、十五パーセント、二十パーセント、三十パーセントへと、いくらでも上げられたら、小売業は、たまったものではありません。

最初は、消費税の増加分について、それを自分たちのなかで消化しようと考え、何とかコストダウンを行い、買い手に影響が出ないように頑張《がんば》るでしょう。しかし、一定以上に税率が上がると、それは無理なので、売り値を上げていきます。そうなると、厳しいことに、今度は売れなくなってくるのです。

先日、ＮＨＫの経済番組を観《み》ていたら、「欧州では、今、銀行の貸し渋《しぶ》りが流《は》行《や》っている」と報じていました。

記者が欧州の中小企業《きぎょう》で話を聞いたところ、「銀行がお金を貸してくれないので、ものが売れなくなってきている」と言われ、過去のデータを何カ月分か見て、それが事実であることを報道していたのです。

しかし、本当は「貸し渋り」よりも「貸し剝《は》がし」がきつくなってくるはずです。「ものが売れなくなってきて、会社が倒産《とうさん》していく」と見たら、銀行は、不良債権《さいけん》をつくらないために、いち早く融資《ゆうし》を引き揚《あ》げていき始めます。銀行も潰れたくはないので、そうするのです。

銀行からお金が出てこないと、その結果、倒産が相次ぎます。次々と連鎖《れんさ》倒産が起き始め、失業者が溢《あふ》れてくるため、国家が失業者対策を打たなくてはいけなくなります。こういうことが起きてくるのです。

したがって、経営者は自分の商売のことだけを考えていてはいけません。社会の風潮や経済ニュース、今後、起きることなどについても、目を光らせていなければならないのです。

そうなると、全身が〝神経の塊《かたまり》〟のようになってきます。

その意味では、集中して仕事をすると同時に、「その集中を解くためのリラクゼーションの時間を、どうやって取り、精神を異常にしないで、健康を維持《いじ》するか」ということも、考えなければなりません。

経営者自身が頑張《がんば》ると同時に、部下に〝無理な注文〟を出せ

一般的《いっぱん》に言うと、経営者は、頑張《がんば》りすぎて、周りから、「そこまでやらなくてもよい」と言われるあたりで、実は普通です。自分としては、「かなり頑張った」と思い、周りも、「そんなにやらなくてもいいんですよ」と言うほどで、普通ぐらいなのです。

また、会社が大きくなってくると、一般従業員の意識はそれほど高いものではないので、社長や重役がいくら働こうと、それを、全然、気にもしていません。だいたい、「彼らは別種族だ」と思っているものです。

社長や重役が、「私は、これだけ一生懸命《いっしょうけんめい》に働いているのだから、ほかの人たちも、そうなるだろう」と思ったら、それは甘《あま》いのであって、そういうものではないのです。

経営者は、周りから「そこまでやらなくてよい」と言われるぐらい頑張って、やっと普通なのですが、さらに、自分自身が働くだけではなく、ほかの者にも働いてもらえるように、努力して仕事を下ろしていかなくてはなりません。ほかの者に対して、〝無理な注文〟をしなくてはいけないのです。

だいたい、部下に、「これをやってくれ」と言うと、まずは、「そんなことを言われても無理です。できません」「今までに例がありません」などという言葉が返ってきます。会社が大きくなれば必ずそうなります。

しかし、そのときに、無理を承知で、もう一押《ひとお》しをしなければならない局面が出てくるのです。こうした「粘《ねば》り強さ」や「胆力《たんりょく》」、「不動心《ふどうしん》」が非常に大事になってくると思います。

そういうことを積み重ねて、自分自身も目いっぱいまで頑張りつつ、できるだけ組織の強みを引き出し、弱みを抑《おさ》え、どうしても、しかたがない場合には、

〝外科《げか》手術〟も取り入れ、組織体として生き延びていく努力をしなくてはなりません。

そして、外部環境《かんきょう》に対してアンテナを張り続け、情報を取り、未来をいち早く読んでいく努力をしていくことが大事なのです。

社内で忙《いそが》しそうにしていることがトップの仕事ではありません。今後は、「外部環境の変化を、いち早く知る」ということも、トップにとって大きな仕事になっていくのです。

企業《きぎょう》が組織体として生き延《の》びるために、より一層の努力を

「日本には赤字企業《きぎょう》が七割ぐらいある」と言われていますが、「これから増税が始まる社会において、それぞれの企業が、いったい、どのようにして、それを切り抜《ぬ》けていくか」ということは見ものです。

一般的には、倒産が続出し、失業者が大量に出てくるでしょう。

それに対して、国が、「大きな政府」的な発想で、例えば最低賃金を決めたりすると、会社側は、「正社員を減らし、アルバイトを数多く雇《やと》う」ということなど、いろいろなことをして切り抜けようとするので、国の対策は、そう簡単には、うまくはいかないと思います。

そういう社会福祉《ふくし》的な考えもあるでしょうが、やはり、「企業は、組織体として、法人として、一つの生命体として、生き延《の》びなくてはならないのだ」ということを、よく知っておくことが大事だと言えます。

その意味で、方法論の固まった仕事については、次第《しだい》に、ほかの者でもできるようにしていくことが大事でしょうし、自分自身に対しても、厳しい目を持っていなければならないでしょう。そのように感じている次第です。

◆第３章のポイント◆

□経営には「富《とみ》、無限《むげん》」の祈《いの》りだけでなく、「努力、無限」の実践《じっせん》が必要である。

□「いつも追い風が吹《ふ》いている」と思ってはならない。世の変転、流行《はや》り廃《すた》りには、本当に予想がつかないものがある。

□経営は「地雷原《じらいげん》のなか」を走っているようなもの。常に「代替手段《だいたいしゅだん》」や「万一《まんいつ》の場合の余力」を確保しておけ。

□発展が急な場合、必要な能力をチームで補《おぎな》い、共に発展していくことが、トップが落ちこぼれない心掛《こころが》けである。

◆第３章のポイント◆

□経営者は「公人」としての意識を持つべし。

□利益とは、「組織が継続《けいぞく》していくためのコスト」であり、利益なくば発展の余地はない。

□組織は、放置されると潰《つぶ》れるもの。会社の健康管理として、経費、資金、借金、利益等につき、内部での監査《かんさ》が必要である。

□絶えず「新しい仕事の種」を探し、老廃物《ろうはいぶつ》を出し、新陳代《しんちんたい》謝《しゃ》をしていかなくてはならない。

第4章

経営者の次なる一手

――トップであり続けるための「帝王学《ていおうがく》」――

二〇一二年五月六日　説法《せっぽう》

栃木《とちぎ》県・幸福の科学　総本山《そうほんざん》・正心館《しょうしんかん》にて

1 「自社に何ができるのか」を考えよ

重い責任を負っている経営者は孤独《こどく》なもの

本章のテーマは、「経営者の次なる一手」ですが、今、本書を読んでいる経営者のみなさんは、そのこと自体で、すでに「次なる一手」を打ち、「次なる一歩」を踏《ふ》み出していると言えると思います。

ただ、一口に経営者と言っても、その業種や規模はそれぞれ違《ちが》いますし、あるいは、これから新しく起業しようと思っている人もいることでしょう。そのため、「共通項《こう》」を探すのはなかなか難しいのですが、それぞれの持ち場において参考になるようなことを述べていきたいと思います。

最初に述べておきたいことは、「経営者の負担と責任は、とにかく重いものであり、それを、そう簡単に肩代《かたが》わりしてくれる人はいない」ということです。

もし、他の人に簡単に代わってもらうことができるならば、経営者の給料を従業員の給料と同じ額にしなければいけないでしょう。しかし、実際は、経営者と従業員とでは、役職も給与《きゅうよ》も違うはずです。それは、「経営者の重みは、他の人がそう簡単に代わってくれるものではない」ということを意味しているのです。

世の中には、人材豊富な会社もあるでしょうが、そういう恵《めぐ》まれた会社は別として、たいていの会社は、「トップ一人が倒《たお》れたら、会社はたちまち危なくなる」というところがほとんどだと思います。

「トップが倒れても、もっと優秀《ゆうしゅう》な人材が次から次へと出てくる」というのはありがたい話です。そうであるならば、経営者は、昔の戦《いくさ》のように、弓矢に当たって死んでもいいぐらいでしょうが、実際には、なかなかそうはいきません。

「トップが倒れて死んだりしたら、会社は大変なことになる」というのが普通《ふつう》です。

経営者は、そのような状況《じょうきょう》のなかで、重い責任を負い続けていかなければならないのです。

そのような数々のプレッシャーやストレスのために、経営者には、精神的にも健康的にも、悩《なや》みが深くなることがあります。

また、これは経営者特有の問題ですが、「他人に悩みを相談できない」ということも多いのです。経営者の悩みは、企業《きぎょう》秘密、つまり、会社の秘密の部分に触《ふ》れることが多いので、誰《だれ》にでも相談できません。相談した内容が、巡《めぐ》り巡って、ライバル会社や利害が相反《そうはん》する人の耳に入る可能性もあるからです。

そのため、経営者は、次第《しだい》しだいに口が重くなってきて、基本的に、「一人で問題を抱《かか》えて、重圧に耐《た》える」というスタイルが多くなってくるのです。

そういう意味で、重い責任を負っている経営者は、基本的には孤独《こどく》なものだと思わなければなりません。

その孤独さは、何と言っても、責任の重さから来るのです。

社長が、どれほど、孤独に耐え、重荷に耐え、責任感に耐え、会社の未来や従業員の明日《あす》を憂《うれ》えていても、一般《いっぱん》の従業員たちは、そういうことをあまり考えていません。

従業員たちは、社長の顔色を見て、「今日は社長の機嫌《きげん》がよいか悪いか」ということぐらいは考えているかもしれませんが、会社のことはあまり気にもせず、みな、自分の仕事の範囲《はんい》内のことや、自分の家庭内の平和を守ることぐらいしか考えていないのが普通です。

そのような従業員たちを見て、腹が立ってくる気持ちはよく分かります。「わが社には、人材がいない」と公言したくなる経営者も数多くいるだろうと思います。それは、実際にそのとおりなのです。

よほど伝統があり、長く続いている大きな会社であれば、社長に対して、「早く辞《や》めて自分と交代してほしい」という突《つ》き上げがくる場合もあります。しかし、零細《れいさい》企業や中小企業、もしくは、そこから上がってきたばかりのような会社であれば、トップとその他の人との間には、力量にかなりの差があるので、そう簡単に、トップに取って代われるわけではありません。

逆に、トップに、他の人が簡単に取って代われるぐらいの力量しかない場合、その会社が急成長することは、まずありえないことです。会社が急成長する場合には、トップ一人の能力が、そうとう高いことが多いのです。

このように、経営者が従業員に多くを求めても、満たされないことが多いだろうと思います。

言い訳をせず、「自分ができることは何か」を常に考える

それでは、経営者が心掛《こころが》けておかなければならないことは何でしょうか。

基本的に、経営者の仕事は、放っておくと、どうしても愚痴《ぐち》と言い訳が多くなりがちです。ただ、その愚痴や言い訳を、周りの人にあまり聞かれすぎると、みな〝戦意〟を喪失《そうしつ》していくことが多いのです。

しかし、愚痴や言い訳を言わずに、自分の内に留《と》めておくと、それがだんだん溜《た》まってきて、苦しくなってくるため、ときどき幸福の科学の精舎《しょうじゃ》などへ行って、心の安らぎを取り戻《もど》すことが大事です。

もちろん、経済環境《かんきょう》や政治環境を見れば、現実には、不満なことだらけでしょう。そうした経済環境や政治環境をよくするための仕事があることも事実です。

世の中には、そういう仕事に携《たずさ》わっている人も数多くいますし、それをやっても

らわなければ困ることもあります。

しかしながら、社会の全体的な方向性や枠組《わくぐ》みに関しては、一企業だけの力では、どうにもならないところがあります。

そういうときに経営者が考えるべきことは、やはり、自分自身を振《ふ》り返り、「自社ができることは何であるのか。自分たちでできることは何であるのか」ということです。そこに立ち戻らなければなりません。

そして、自分自身を振り返ってみて、「どうも言い訳が多いな」と感じるようなら、「これはよくない信号が出ている」と考えるべきです。

確かに、政治環境も経済環境も悪いですし、景気も悪いでしょう。また、国内の同業者や外国企業の動向などから、さまざまな影響《えいきょう》を受けることもあります。しかし、経営というものは、言い訳だけで済まされる仕事ではないのです。

例えば、パナソニックやソニーなど、戦後、巨大《きょだい》になった大会社でも、今は危機を迎《むか》えています。家電業界のように、利幅《りはば》が少なく、発展途上《とじょう》国がまねをしやすい業界では、日本企業が、韓国《かんこく》や中国、インドなどの企業に、どんどん追い上げられてきています。発展途上国では人件費が安く、いろいろなコストも低いため、今後、製品の精度が上がってくれば、日本企業はさらに追い詰《つ》められていくでしょう。

また、数年前、タイで大規模な洪水《こうずい》がありましたが、ある大手の自動車会社は、タイに生産拠点《きょてん》を移転していたため、現地の工場に被害《ひがい》が出て、たちまち会社全体に危機が及《およ》ぶようなことがありました。

しかし、「タイで洪水が起きないようにする」などということは、会社の力ではどうにもなりません。

そのように、予想外の事態はいろいろ起きてきますし、政治、経済、その他、不満に思うことはたくさんあると思いますが、トップの姿勢としては、まず、言い訳をしないことが大事です。

言い訳をすることによって、「自分の気が済む」とか、「周りの人にバカだと思われないようにする」とかいうぐらいのことはできますが、言い訳をいくら並べたところで、会社の業績そのものをよくすることはできません。

したがって、言い訳を並べる暇《ひま》があったならば、「自分に何ができるか」を考えるほうに頭を切り替《か》えることです。

今の経済環境、経営環境、政治環境、あるいは、天変地異が起こるような自然環境のなかで、「それでも、何ができるか」ということを常に考えることが大事だと思います。

頭のなかが愚痴や言い訳で満ちてき始めたら、それは、経営者としての「危険信号」なので、頭の中身を切り替えたほうがよいでしょう。

経営者は、経営がうまくいかなくなると、たいてい、外部のせいにするか、部

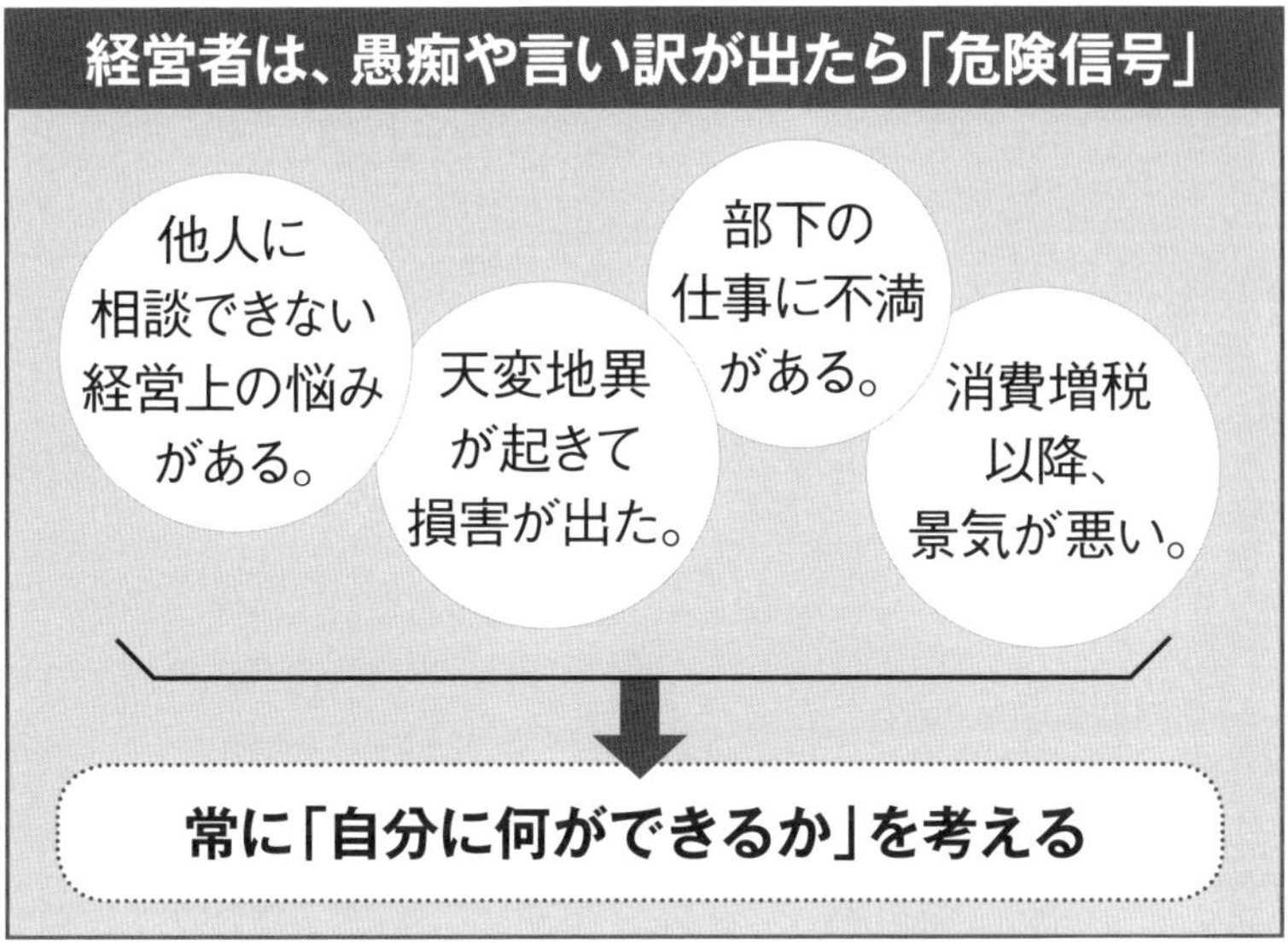
経営者は、愚痴や言い訳が出たら「危険信号」
他人に相談できない経営上の悩みがある。
天変地異が起きて損害が出た。
部下の仕事に不満がある。
消費増税以降、景気が悪い。
常に「自分に何ができるか」を考える

下のせいにし始めます。「部下の出来《でき》が悪いから、こうなったのだ」などと言いがちですが、ある意味で、それはそのとおりです。部下の出来が悪いのは本当であって、嘘《うそ》ではありません。

ただ、出来の悪い部下をたくさん抱えているのは、トップの出来が悪いからです。他人のせいにしても、それは、いずれブーメランのごとく、自分に戻ってくるわけです。

要するに、「部下の出来が悪いのは、日ごろの自分の指導が悪いからであるし、会社の方針が悪いからであるし、トップの頭が悪いからでもある」ということです。

「出来が悪い」と言って部下を責めても、時間差が少しあるだけで、結局、自分に戻ってくるのです。

経営トップは、基本的に、マイナスの発想が出てきたときに踏みとどまり、「この条件の下《もと》で、自分にできることは何であるのか」ということを、常に考える習慣を身につけなければいけません。

「帝王学《ていおうがく》」を身につけ、「トップの器《うつわ》」を大きくする

そのための考え方の一つに、昔から言われている「帝王学《ていおうがく》」というものがあります。

帝王学とは、リーダーの心得、指導者になるための心得を説いた学問です。こ

の帝王学を身につけなければ、企業、あるいは組織体が大きくなることは、基本的にはないのです。

「蟹《かに》は甲羅《こうら》に合わせて穴を掘《ほ》る」と言われますが、やはり、組織は、トップの力量や器《うつわ》以上に大きくなりません。

「組織を大きくし、仕事を大きくして、世の中に大きな影響を与《あた》えたい」と思うならば、やはり、トップが率先《そっせん》して、その器を大きくすることが大事であり、そういう意味での帝王学を身につけなければならないわけです。

2　原理・原則を学ぶ「メンター」を持て

トップには、「悩《なや》んだときに戻《もど》っていくべきところ」が必要

それでは、「帝王学《ていおうがく》」を身につけるためには、どうすればよいのでしょうか。帝王学の学習の内容は多岐《たき》にわたりますが、ここでは、共通項《こう》として言えることを簡単に述べておきます。

前述したように、おそらく、九割以上の会社では、トップに代わるような人材は社内にはほとんどいないであろうと思われますが、帝王学を身につけるために大事なことの一番目は、「原理・原則を教えてくれる師を持つ」ということです。

つまり、「物事の基本的な考え方や方向性は、こういうものであり、これに基《もと》

づいて判断しなさい」ということを教えてくれる師を持つことが大事なのです。

幸福の科学では、人生の指針や組織の指針、あるいは、国のあるべき姿、経営者のあるべき姿等を教えています。そういう意味では、幸福の科学も、この「原理・原則を教える師」の機能を一部果たしていると言えます。

そのように、原理・原則を教えてくれる師、あるいは、メンター（精神的指導者）と言ってもよいのですが、基本的に、トップは、自分が悩《なや》んだときに戻《もど》っていくべきところを持っていなければいけないと思います。

なぜかと言うと、トップには、個別具体的な悩みについて答えてくれる人がいないことが多く、さらに、将来の未知なることについては、「現段階では答えがない」ということも非常に多いからです。

そういう未知なるもの、今まで出くわしたことがないものに当たったときには、基本的に、原理・原則に照らし、「どのようにすべきか」ということを考えなければいけません。

例えば、有名なメンターとしては、ピーター・ドラッカーや松下幸之助《まつしたこうのすけ》、あるいは、一倉定《いちくらさだむ》など、いろいろな人がいます。そういう人たちのなかから、自分の会社の規模に合った考え方を説いている人を選ぶわけです。

会社の規模相応に、「経営に対する考え方」が違《ちが》ってくる

ドラッカーの経営論には、一般《いっぱん》的に大企業向けの内容が多いので、従業員数が五千人以上の企業には、彼の考え方がかなり当てはまりますが、千人以下の企業になると、当てはまらないものもかなり出てきます。

また、従業員数が千人から五千人ぐらいの規模の企業だと、当てはまったり当てはまらなかったりするようになります。

ドラッカーの場合、従業員が数万人から数十万人いる大企業の分析《ぶんせき》が多かった

ため、彼の考え方は、すべての企業に当てはまるわけではなく、会社の規模が小さいと当てはまらなくなるのです。

むしろ、会社の規模が数百人ぐらいまでであれば、一倉定などの意見のほうがよく当たります。しかし、従業員数が千人から五千人の間では、ドラッカーと一倉定の両方の考え方が当たったり外《はず》れたりするようになるため、このくらいの規模の企業は経営が非常に難しいのです。

松下幸之助も、よい意見を述べていますが、それは、彼の会社がだいぶ大きくなってからつくられた思想です。

したがって、従業員が数万人から数十万人いる会社ならば当てはまるかもしれませんが、従業員が数十人から数百人ぐらいの、これから成長していく会社の場合には、将来の志《こころざし》としてはよくても、そのとおりに実践《じっせん》したら駄目《だめ》になる場合がよくあります。

P. F. ドラッカー、松下幸之助、一倉定の経営思想を解説

「『天才というものは、いつでも必要なときに手に入るものではない』ということを前提に、ドラッカーの経営学は成り立っているのです」(本文より)

イノベーションやマーケティングなど、ドラッカーの経営思想のポイントを実践経験を踏まえて解説。「勝つべくして勝つ」ための組織づくりとは。

『イノベーション経営の秘訣』

(幸福の科学出版刊)

「『思い』が『成功の出発点だ』とする考え方は、宗教と経営を架橋する理論であって、それを信じた私には無限の道が開けてきた」(「まえがき」より)

「無借金経営」などを提唱した松下氏の思想から、「リピーターづくり」や「熱意」「付加価値」など、経営の本質を幅広く抽出、展開した一冊。

『「経営成功学の原点」としての松下幸之助の発想』

(幸福の科学出版刊)

「実際に、『経営指南を受けて、潰れかけの会社が突如勢いを取り戻した』ということであれば、それは値段がつかないことです」(本文より)

「答えは市場に求めよ」「顧客第一主義であれ」。生前、5000社を超える企業を立て直した経営コンサルタントの第一人者・一倉定の経営学から、危機突破の要諦を講義。

『危機突破の社長学』(幸福の科学出版刊)

このあたりをきちんと解釈《かいしゃく》し分けないと、間違《まちが》いを犯《おか》すことがあるので気をつけなければいけません。「会社の規模相応に、経営に対する考え方が違ってくる」ということです。

中小企業《きぎょう》で問われるのは、「社長が正しいかどうか」だけ

ピーター・ドラッカーの経営学の本を読むと、彼は、「誰《だれ》が正しいかではなく、何が正しいかということを常に考えよ」と教えています。それは、私も何度か述べたことがあります。

大企業《だいきぎょう》、あるいは、国家レベルで物事を考えるときには、やはり、「誰が正しいかではなく、何が正しいか」ということを、とことん考えなければなりません。これは、ある意味で哲学《てつがく》のレベルに近づいています。規模が大きくなれば、考え抜《ぬ》いた叡智《えいち》や方針など、哲学に近いものが必要になってくるからです。

しかし、小さな会社では、必ずしもそうではありません。小さい会社の場合、「何が正しいか」などと言うのは、責任回避《かいひ》でしかないこともあるのです。

例えば、従業員が数百人ぐらいの会社の場合、「来年の会社の売上目標を幾《いく》らにすべきかを、部長会議にかけて、みなで議論し、『何が正しいか』を求めています」などと言っていては駄目です。そういう会社では、「何が正しいか」などは問題ではなく、社長が、「こうしなければいけないのだ！」と言わなければいけないのです。

小さな会社では、「誰が正しいか」が大事であり、「何が正しいか」ということは問題ではありません。そして、「誰が正しいか」とは、「どの部長や重役の言っていることが正しいか」ということではなく、「社長の言っていることが正しいかどうか」ということなのです。従業員が数百人規模の会社であるならば、問われているのは、「社長であるあなたの考えが、正しいのか、正しくないのか」

ということだけなのです。

社長が、他人事《ひとごと》のように、「何が正しいかを、みんなで議論してください」などと言っていては、絶対に駄目です。こういう社長は頭を殴《なぐ》って目を覚まさせなければなりません。そういうことをしていたら、会社を潰《つぶ》してしまいます。

繰《く》り返しますが、小さな会社で問われているのは、「社長が正しいかどうか」ということだけです。正しくないことを言ったり、社員に、「何が正しいかを考えてくれ」などと言って責任を投げたりしているような社長は、ガツンと頭を殴らなければいけません。そういう社長は〝戦犯《せんぱん》〟です。

大きな会社の場合や、国会のように国家レベルの判断をする場合であれば、「いろいろな意見をたくさん出して議論し、熟議して決める」ということもあろうかと思いますが、中小企業レベルでは、ほとんどの場合、それは、「責任回避の原理」になってしまいます。

中小企業においては、判断はトップ一人の責任

大企業や国家の場合	→「誰が正しいか」ではなく、「何が正しいか」が大事。
中小企業の場合	→「何が正しいか」は責任回避の原理になりうる。 問われるのは、「社長の言っていることが正しいかどうか」ということだけ。

したがって、経営についての意見は、必ずしも、すべての企業が同じように聞いてはいけないのです。

中小企業において、「わが社にとって、正しいことは何であるか」という判断は、トップ一人の責任にかかってくることであり、「何が正しいか」という考え方を責任回避の原理に使うのはやめるべきです。

最終的には、社長が自分で責任を取らなければいけません。

「仕事を任せたら口出ししない」という日本的放任経営は間違《まちが》い

また、日本には、「いったん人に仕事を任せたら、口出ししてはいけない」と考える風潮がありますが、これは、とんでもない間違《まちが》いです。潰れている会社のほとんどは、これが原因で潰れています。

日本的には、「この仕事は、あなたに任せた」と言って仕事を振《ふ》ったら、「任せた以上、口を出してはいけない」と考えやすいのですが、たいていの場合、これが会社が潰れる原因になっているのです。

「仕事を任せた」ということは、「一方通行」ではありません。仕事を任された人は、任された仕事について、「きちんとできているかどうか」ということを上司に報告し、承認を取ることが必要です。

それをやらずに失敗したら、担当者自身は、当然〝打ち首〟ですが、その仕事

帝王学①――原理原則を学ぶメンターを持て

●未知の問題に対しては、原理原則に照らし、「どのようにすべきか」を考えることが大事。

●メンターの選択は、会社の規模に合わせて行うべし。

●「仕事を任せたら口出ししない」という日本型放任経営は間違っている。

を任せた人のほうにも責任が出てくるのです。

そうした日本的な放漫《ほうまん》経営、放任経営は、基本的に間違っていると思わなければなりません。

とにかく、「トップにかかる比重は重い」ということです。

帝王学の一つとして、「トップは、原理・原則を教えてくれるメンターを持つべきである」ということを述べましたが、メンターを選ぶ場合には、自社の経営規模に合った人を選ばなければなりません。選び方を間違うと、判断が大きく外れることがあるので、気をつけなければいけないのです。これを注意点として述べておきます。

3 「諫言《かんげん》する側近」と「参謀《さんぼう》」を持て

周りが「イエスマン」ばかりになっていないか

帝王学《ていおうがく》の二番目は、「諫言《かんげん》してくれる人を側近に持つ」ということです。「社長の周りには、イエスマンばかりが集まってくる」というのは、中小企業《きぎょう》の常《つね》です。要するに、社長の機嫌《きげん》を損《そこ》ねたら、自分のクビが危ないため、社長の周りには、「お上手《じょうず》」を言って、社長をほめる人ばかり集まってくるのが普通《ふつう》なのです。

イエスマンたちは、社長に対して意見を言ってはくれません。社長の言うことを黙《だま》って聞き、社長の命令を待っているだけです。「社長の命令を受けて、それを実行した」ということであれば、別に責任は生じません。

つまり、自《みずか》ら「これをやりたい」と言ったら、自分に責任が生じるため、イエスマンたちは、社長から命令が出るのをじっと待っているわけです。

しかし、帝王学を身につけるためには、やはり、諫言をしてくれる人、要するに、耳に痛いことを言って諫《いさ》めてくれる人が側《そば》にいなければいけないのです。

そういう人を持つためには、あまり早く出来上がってしまわないこと、すなわち、我《が》が固まった状態にならないことが大事です。

もちろん、最終的には、トップが自分で責任を取り、決断しなければならないのですが、「ほかの人の意見を聞かない」という態度は、基本的には間違《まちが》いです。トップは、「いろいろな意見をいったん斟酌《しんしゃく》した上で、物事を考える」という癖《くせ》を持ったほうがよいのです。

社長に諫言できる人がいる会社は、なかなか潰《つぶ》れにくいものですが、ワンマン経営が長くなると、諫言してくれる人たちはいなくなっていきます。そして、それが、次の倒産《とうさん》の危機につながることがあるのです。

「年齢《ねんれい》を超《こ》えて意見を言える風潮」をつくる

もちろん、諫言してくれる人は、社長ではないので、社長のようにオールマイティーな能力を持っているわけではありません。そのため、必ずしも、諫言のとおりに全部をやってよいわけではないのです。

ただ、諫めてくる人に経営ができるわけではないとしても、「社長、それはおかしいのではないですか」と批判的なことを言ってきたときに、その意見に理があると思ったならば、社長は、その意見を聞くなり、受け入れるなりする努力をしなければいけません。

社長の周りがイエスマンばかりで固まったら、「会社が危ない」と思ってください。その場合には、悪い情報がほとんど上がってこなくなります。彼らはみな保身に入っているので、よい情報や社長の耳に心地《ここち》よい情報ばかりが上がってきて、悪い情報は上がってこなくなるのです。そのような傾向《けいこう》は、会社が小さければ小さいほど強く出てきます。

だいたい、世の社長族は、ほめられるのも自慢《じまん》も大好きですが、怒《おこ》られるのは大嫌《だいきら》いです。

そのため、外部からコンサルタントを呼ぶことが多いわけです。コンサルタントは社員ではないので、経営に対して厳しいことを言っても、仕事が済んで「さよなら」をすれば、それで終わりです。

そのように、「コンサルタントなど、外部の人は厳しいことを言えても、内部の人が言ったら、すぐクビになるので言えない」という場合が多いのです。

また、他の人の意見を聞くときにも、人によって癖があります。

例えば、「自分と同年配ぐらいで、経験のある人の意見以外は聞かない」という人もいますが、それもまた問題です。本当に人の意見を聞く人は、若い人の意見でも聞きます。

逆に、若い人の側《がわ》からすると、自分の意見を受け入れ、取り入れてくれる上司、あるいは、自分の意見を斟酌してくれる上司に対しては、意見をとても言いやすいのです。

若い人が意見を言いやすくすることは、次の世代の経営者を育てるためにも必要なことであり、年齢《ねんれい》を超《こ》えて意見が言えるような風潮をつくることが大事だと思います。

経営者は、「たとえ、三十歳《さい》から四十歳ぐらい年下の人の意見でも、よいところや、自分の気づいていないことなどがあれば取り入れる」という態度を持つことが大事です。

「マスコミからの批判」の受け止め方で、トップの胆力《たんりょく》が試《ため》される

ところが、たいていの場合、経営者は、他の人の意見を聞かなくなっていきます。そのような、自我が固まった状態、仏教的に「有《う》」といわれるような状態になることが非常に多いのですが、そうなると会社は発展しづらくなります。

特に、大きな会社の経営者や、政府関係者、あるいは、著名人、文化人、官僚《かんりょう》等になると、内部からだけではなく、マスコミ等を通じた外部からの批判も出てきます。

少し有名になってくると、マスコミが好意的に取り上げてくれることもありますが、それで喜んでいるようでは、おめでたいのです。さらに成功してくると、今度は、悪口を書かれ始めます。それは人間の当然の性《さが》でもあるでしょう。

ただ、その悪口のなかには、もちろん、全面的に信じてはいけないものが数多

くありますが、一割ぐらい真実が入っている場合もあるのです。

そのなかには、トップに直接ものを言えない社員の意見や、外部の目から見た批判として、当たっていると思われるものも、一部、含《ふく》まれています。つまり、マスコミが、「社長に諫言する人」のような役割を果たしているわけです。

それは、あなたが、「かなり成功した」ということでもあります。マスコミの悪口は、その引き替《か》えなのです。

もし、マスコミなどからのバッシングがものすごくきつく感じられるのであれば、それは、「自分が、それだけ成功し、成長し、影響力《えいきょうりょく》を持ってきている」ということに気づいていない証拠《しょうこ》です。そういうバッシングを受け始めたら、「今、自分は、それだけの影響力を持ち、人の幸・不幸を左右する立場にあるのだ」ということを知らなければならないのです。

私も、マスコミには、ずいぶん〝かわいがって〟もらっていますが、彼らの批判のなかで、聞くべきものは聞いています。そして、その〝お礼〟として、逆に、それぞれのマスコミに対して〝経営指導〟をしてあげたりしています。すなわち、こちらからもマスコミの問題点を教えてあげて、お互《たが》いに利益があるように努力しているわけです。

敵と見えし人からの批判のなかには、いわゆる、嫉妬《しっと》やひがみもありますが、ある意味で、反面教師的な面というか、一部、当たっている面もあることはあるのです。

それを通して、「世間《せけん》はこのように見ているのだな。一般《いっぱん》の人はこのように見ているのだな」ということを知らなければなりません。

そして、「ある程度、軌道《きどう》修正をしなければならない」と思った場合には、自分なりに修正をかける必要があります。ただし、相手の見識が足りないために、間違った見解を持たれているだけで、自分の考えに自信がある場合には、周りの反対を押《お》し切ってでもやり抜《ぬ》かなければなりません。ここは、経営者としての胆《たん》力《りょく》が試《ため》されるところです。

「新しいことをしよう」とすると、たいてい反対される

経営関係の自著『未来創造のマネジメント』（幸福の科学出版刊）のなかには、「私が新しいことをするときには、いつも幹部が反対した」という逸話《いつわ》が書いてあります。

例えば、栃木《とちぎ》県の宇都宮《うつのみや》市に総本山・正心館《しょうしんかん》を建立《こんりゅう》するとき（一九九六年）、ほとんどの幹部は、「信者は誰《だれ》も宇都宮などには行きません。東京でなければ、絶対に駄目《だめ》です」と言って反対したので、私は参ってしまいました。

「宇都宮には行ったことがない」という人も多かったため、私が、「岐阜《ぎふ》の山のなかよりは、東京に近いよ」と言っても、なかなか納得《なっとく》してくれませんでした。

しかし、「正心館」という新しい宗教施設《しせつ》を建てるに当たっては、やはり、一定の実験が必要であり、「そういう新しい施設の運営が成功するかどうか」という〝文明実験〟を行わなければならないのです。

その場合、経営リスクがあまり高すぎる場所は望ましくありません。東京などで土地を買うと非常に高いので、土地リスクが低く、交通の便もそれほど悪くない宇都宮あたりで、「正心館という施設の運営が成り立つかどうか」という文明実験を行《おこな》ったわけです。

そうした〝文明実験〟を行ってみて、ある程度、「やっていける」ということが見えたため、東京やほかの地方にも正心館等の精舎《しょうじゃ》を建てていきました。しかし、当時の幹部たちは、宇都宮に移ってきたら、今度は「住めば都《みやこ》」で、私が「次は東京に正心館を建てる」と言うと、それにも大反対しました。東京から宇都宮に行くことに反対した人が、今度は、東京に正心館を建てることに反対したわけです。

また、栃木県の那須《なす》に幸福の科学学園をつくるときにも、幹部たちは大反対でした（二〇一〇年開校）。「那須では生徒が誰も来ません。一学年に四十人も来ればよいほうです。それ以上は考えられないので、採算は赤字に決まっています」という試算を上げてきたのですが、私は、そのころ、「当会の信者が一万人ほど住める町でも那須につくろうか」などと言っていたぐらいなのです。

学校事業の成否というのは、基本的にはソフトの問題です。私は、「ソフトがよければ場所を選ばないし、全寮制《ぜんりょうせい》にすればできないことはない」と思いました。しかも、幸福の科学の総本山・那須精舎の境内地《けいだいち》を使えば、土地リスクがなく、建物代だけで済むため、「学校運営の実験をするには悪くない」と考えたわけです。

その結果、実際に開校したら、入学希望者が多く、「幸福の科学学園に入りたくても、なかなか入れない」という状況《じょうきょう》になっています（注。その後、二〇一三年春に幸福の科学学園関西校を滋賀県《しがけん》大津市《おおつし》に開校した)。

このように、新しいことをするときには、たいてい、みな反対するものなのですが、いちおう、その意見を聞いてあげる必要はあります。たまに当たっていることがあるからです。

ただ、みな、従来の路線の〝延長上〟に未来を見ているので、ポイントを切り替えようとすると、だいたいは反対すると見てよいでしょう。このあたりは厳しいものです。

「実績」を出すことが「経営者に対する信頼感《しんらいかん》」につながる

やはり、人の意見をまったく聞かないわけではなく、諫言は諫言として聞いておき、それについての反証というか、「言うとおりにしてよかった」という実績を出して、あとから認めてもらう必要があります。それが、経営者に対する信頼《しんらい》感につながるわけです。

例えば、幸福の科学の総本山をつくろうとしていた当時、幹部たちには、「なぜ、総本山をつくろうとしているのか」ということが全然分からなかったようです。しかし、今は、「宗教の永続性、永久性をつくるために、総本山は必要だったのだ」ということが分かってきているように思います。

幸福の科学大学（ハッピー・サイエンス・ユニバーシティ〔ＨＳＵ〕）や幸福の科学学園をつくることにも、同じような面があります。

将来、万一《まんいつ》、宗教本体のほうが厳しい状況になったとしても、学校のほうが生き残れば、幸福の科学の教えを伝え続けることができます。つまり、私は、「二つの聖域《せいいき》」をつくっているわけです。

一般的に、学校をつくり、そこから卒業生が出て、彼らが社会で活動し始めると、「もう潰せない」という感じが出てきます。学校ができる前には、つくらせないように、一生懸命《いっしょうけんめい》、抵抗《ていこう》する勢力もありますが、学校ができ、卒業生が社会に出ていき始めると、だんだん潰せなくなってくるのです。

また、私は今、政党についても実験中です。私たちから見れば、まだまだ、世間は意地悪です。世間は、幸福実現党という政党を正当には取り扱《あつか》わないつもりでいるのだろうと思います。

マスコミは、幸福実現党が雨のなかでデモを行《おこな》っても、「テレビのニュースで、その様子が一秒でも流れればよい」というぐらい、無視するのが普通であり、幸福実現党と正反対の考え方を持つ人たちの活動の場合は、大したことがないものでも、すぐに大きく扱います。

私たちは、そういう価値観を引っ繰《く》り返そうとして活動しているので、しかたがない面はあるのですが、このような扱いに、耐《た》えて、耐えて、耐え抜いて、やり抜いていかなければなりません。

多角展開を続ける幸福の科学グループの事業

宗教

総本山・正心館（左）や東京正心館（右）をはじめ、全国各地に研修施設としての正心館・精舎が建立されている。毎年、数多くの研修参加者が人生を好転させている。

政治

2009年に立党した幸福実現党は、正しい宗教観をバックボーンにした政策を数多く提言し、国政に影響を与え続けている。

映画

2016年公開「天使に“アイム・ファイン”」（製作総指揮・大川隆法／日活）など、10作の劇場用映画を製作。2017年初夏には11作目の「君のまなざし」が公開予定。

海外

アメリカ、ブラジル、インド、フィリピン、香港、スリランカ、オーストラリア、ウガンダなど、海外講演は世界五大陸に及んでいる。（左：アメリカ・ニューヨーク、右：インド・ブッダガヤ）

これ以外にも、教育事業として、幸福の科学学園（中学校・高等学校）や日本発の本格私学であるHSU（ハッピー・サイエンス・ユニバーシティ）を建学（本書第2章参照）。また、不登校児支援スクール「ネバー・マインド」や障害児支援「ユー・アー・エンゼル！」運動なども行っている。

国家レベルで物事を変えていこうとする場合、時間がかかるのはしかたがないことだと思います。

会社のなかに、「トップを支える参謀部門《さんぼう》」をつくれ

「反対意見を、それなりに斟酌する」ということは、会社経営においても、それ以外の組織運営においても、大事な心掛《こころが》けです。

たとえワンマン社長であったとしても、情報機能を持たないワンマン社長であってはなりません。反対意見をいちおう考慮《こうりょ》した上で、やるべきことを断行しなければならないのです。

また、「諫言してくれる人を側近に持つ」ということと同時に、もう一つ大事なのは、やはり、「参謀《さんぼう》を持つ」ということです。

企業の参謀には、通常、公認会計士や税理士、弁護士など、一定の資格を持っ

帝王学②――「諫言する側近」と「参謀」を持て

●「イエスマン」で固めたら「会社が危ない」。悪い情報が上がってこなくなるのだ。

●「年齢を超えて意見を言える風潮」をつくることが大事である。

●社外の公認会計士、税理士、弁護士などと、社内の経営企画部門、若手勉強会、秘書などを併せて、トップを支える参謀組織として育てていくこと。

ている人が多いでしょうが、それだけではなく、経営企画部門や、若手の勉強会、あるいは、秘書などの側近も含まれます。

すなわち、いろいろな情報や意見を収集したり、判断したりして、トップの仕事を支えてくれる参謀部門もつくらなければいけないのです。

以上、述べてきたように、会社が大きくなっていくためには、「原理・原則を教えてくれる師を持つ」「諫言してくれる側近を持つ」「トップを支える参謀組織を育てていく」ということが必要です。このことを頭に入れておいてください。

4　見識を上げて、「自社の未来」を心に描《えが》け

帝王学《ていおうがく》の本質は「決断力」を磨《みが》くことにあり

ここまで、トップが身につけるべき帝王学《ていおうがく》について述べてきましたが、「いったい何をもって帝王学の本質とするか」ということを一点に集約すれば、それは結局、「決断」ということです。「決断力」を磨《みが》くことなのです。

会社が大きくなってくると、トップは、重要な問題についての決断を迫《せま》られるようになります。「決断が要《い》らない」というレベルであるならば、その会社は、おそらく、それほど大きくはならないでしょう。

しかし、だんだん大きな仕事に向かっていくにつれて、トップには、決断を迫

られるような局面が出てきます。社運を懸《か》けた仕事が次々と出てくるようになるのです。

その決断をするためには、前述した、原理・原則を教えてくれるメンターや、諫言《かんげん》してくれる側近、参謀《さんぼう》部門等を持ち、日ごろから自分の頭を拡大しておく必要があるのですが、最後は、「決断力」そのものを磨かねばならないわけです。

これが、帝王学の本質です。

経営トップにも必要とされる「創造性」

しかし、これだけで十分なわけではありません。

作家やデザイナーなど、新しいものをつくり出していく人たち、すなわち、クリエイターは、一般《いっぱん》的に、「創造の源泉」というか、「何かをつくり出していくヒント」を探し歩いていますが、経営トップにも同じようなところがあります。内部の書類を見て判断することだけが経営ではないのです。

やはり、経営者にとっては、「明日《あす》の飯《めし》の種」、つまり、「収入源を常に考え続ける」ことが非常に大事であり、その種が尽《つ》きたらおしまいです。そういう意味では、経営も、実は「創造性」を要するものなのです。

例えば、会社を経営している人は、普通《ふつう》、あまり本を書くことができません。経営者が本を書く場合、ゴーストライターに頼《たの》むことがほとんどですし、なかには、「本を書いたら社長になれない」という不文律《ふぶんりつ》があるような会社さえあります。それはなぜかと言えば、本を書くと、経営とは別な部分にエネルギーを使ってしまうからです。

経営者は、日ごろ、判断業務だけをしているように見えますが、その判断業務にも、けっこう創造性が必要とされるのです。

特に、新しい事業を始めたりするには創造性が必要であり、その創造性が仕事のなかにかなり吸い込《こ》まれていきます。そのため、経営者は、本を書いたり、講演活動をしたり、評論活動をしたりするだけのエネルギーを消耗《しょうもう》し尽くすぐらい燃焼させていくのが普通であって、たいていの場合は両立しません。

このように、経営そのものにも創造性がかなり必要であるため、経営者は、その「創造の種」を常に探し求めなければならないのです。

「創造の源泉が涸《か》れないこと」がトップであり続けるための条件

その意味で、前述した参謀等の人的スタッフも使わなければなりませんが、自《みずか》らも、常に情報やニュースを集めつつ、新しい興味・関心を発掘《はっくつ》し続け、さらに、新しい「未来の種」を探し続けることが大事です。

また、異業種や、まったく違《ちが》った方向性のものにも興味・関心を持ち、それらを結びつけていくような発想を常に持つことも大事です。

やはり、「創造の源泉が涸《か》れないようにする」ということが、トップであり続けるための条件の一つなのです。

要するに、「次は何をしたらよいのですか。今後、うちの会社は何をしたらよいのですか。どちらの方向に向かったらよいのですか」と質問されたときに、トップは、それに答えられなければいけないわけです。

従業員は、みな、自分に与《あた》えられた仕事をこなしていますが、トップは、「明日《あした》のわが社、来年のわが社、五年後、十年後のわが社は、何をして食べているのか」ということを考え続けなければいけません。そして、そのための材料を求め続けなければいけないのです。

もちろん、それには、勉強をし、知識として得られるものもかなりありますが、

新しい価値を創造して閉塞感を打ち砕く。究極のインスピレーション獲得法。
『創造の法』
（幸福の科学出版刊）

事業の種を発見し、圧倒的な差別化を実現する秘策。
『経営の創造』
（幸福の科学出版刊）

実際に街に出て、いろいろなものを見て歩くことで感じ取れるものもそうとうあります。

例えば、「なぜ、この店は続いていて、あの店は潰《つぶ》れたのか」「なぜ、この業種は繁栄《はんえい》して、あの業種は駄目《だめ》になったのか」などということを考えるわけです。あるいは、ユニクロ（ファーストリテイリング）のように急発展した企業《きぎょう》が、銀座《ぎんざ》やニューヨークの五番街に旗艦店《きかんてん》を出しましたが、「これらが潰れるか、潰れないか」ということも、経営判断としては、非常に興味深いものがあります。

ただ、このあたりは、経営者としての視点が高くなってこないと分からないところでしょう。

「経営者の次なる一手」とは、わが社の未来を心に描《えが》くこと

とにかく、「ほかの会社が、どういうところに、どのような戦略を打ち出して

いるのか」ということを、実際に、自分の目で見て判断していくような考え方も大事であろうと思います。

また、「どのようなものが売れて、どのようなものが売れないか」を見ていくことも必要です。経営者はトレンドに敏感《びんかん》でなければいけません。

ただ、「流行《はや》っているものには、必ず廃《すた》れるときが来る」ということも知っておいてください。

今は、インターネット系でも、いろいろな会社がそうとう大きくなってきていますが、マイクロソフトであろうと、グーグルであろうと、今、流行りのフェイスブックであろうと、それらが十年後にも存在するかどうかは分かりません。次から次へといろいろなものが出てきて、今まで想像もしていなかったような攻《せ》め方をされ、あっという間に敗れてしまうことがあるため、今、流行っていても、先のことは分からないのです。

むしろ、急発展している会社ほど、危ないところはたくさんあります。

こうしたことを判断するには、勉強をすることが基本です。また、実際に、自分の目で見て感じることや、他の人の意見を聞くことも大事になるでしょう。

本章で私が述べたかった、「経営者の次なる一手」とは、結局、「経営者が見識を上げることによって、明日《あす》のわが社、あるいは、一年後のわが社、十年後のわが社を心に描《えが》けるかどうか」ということです。

そのためには、帝王学を学ぶことと、発想の源泉を涸れさせない努力を続けることが大事であるのです。

◆第４章のポイント◆

□経営者は、重い責任と、孤独《こどく》に耐《た》える存在と心得よ。

□組織はトップの力量や器《うつわ》以上に大きくはならない。トップは率先《そっせん》してその器を大きくせよ。

□「イエスマン」で固めたら「会社が危ない」。悪い情報が上がってこなくなるのだ。

□「年齢《ねんれい》を超《こ》えて意見を言える風潮」をつくることが大事である。

◆第４章のポイント◆

□新しい決断には反対が出るもの。実績を出して、信頼《しんらい》を勝ち取れ。

□帝王学《ていおうがく》の本質は「決断力」にある。メンター、側近《そっきん》、参謀《さんぼう》を生かしつつ、最後は「決断力」そのものを磨《みが》かねばならない。

□常に「明日《あす》の飯《めし》の種」を「創造」せよ。「創造の源泉が涸《か》れないこと」がトップであり続けるための条件である。

□見識を上げ、明日のわが社、一年後、十年後のわが社を心に描《えが》け。

あとがき

政府や役所というものは、基本的に不況を好む。不況になれば、民間から頭を下げてくるので、大いばりで税金をバラ撒《ま》き、権力が増大するからである。

さらに自分たちより高い給料を取っている人たちから、罪人であるかの如く累《るい》進《しん》課税をかち取り、社会福祉の名目でバラ撒《ま》いて、政治家は公然と票《ひょう》の買収を行うのである。七割方完成しているダム建設を中止したり、安全な原子力発電も廃止して何兆円もの税金をドブに捨てようとしたり、豊洲《とよす》に立派な施設が建っているのに、魚市場の移転を止めるのも政治家である。経営のわからない左翼マスコミの文学的批評を、民《たみ》の声と誤認《ごにん》して迎合《げいごう》するからである。

したがって「大きな政府は必ず財政赤字を目指す。」というのは真理である。在野のプロの経営者たちが、公人《こうじん》としての自覚を高めつつ、「黒字体質」に切り換える「決断力」が、今、求められている。本書がその参考になれば幸いである。

二〇一六年　十月十八日

幸福《こうふく》の科学《かがく》グループ創始者兼総裁《そうししゃけんそうさい》　大川隆法《おおかわりゅうほう》

説法日一覧

第1章　経営戦略の転換点
二〇一四年五月三日説法
栃木県・幸福の科学 総本山・正心館にて

第2章　危機に立つ経営
二〇一二年一月五日説法
東京都・幸福の科学総合本部にて

第3章　赤字企業の脱出法
二〇一二年一月十三日説法
東京都・幸福の科学総合本部にて

第4章　経営者の次なる一手
二〇一二年五月六日説法
栃木県・幸福の科学 総本山・正心館にて

『経営戦略の転換点』大川隆法著作参考文献

『不滅の法』（幸福の科学出版刊）
『忍耐の時代の経営戦略』（同右）
『幸福実現党宣言』（同右）
『未来創造のマネジメント』（同右）
『逆転の経営術――守護霊インタビュー
ジャック・ウェルチ、カルロス・ゴーン、ビル・ゲイツ――』（同右）
『松下幸之助 日本を叱る』（同右）
『稲盛和夫守護霊が語る 仏法と経営の厳しさについて』（同右）
『モルモン教霊査』（同右）
『公開霊言 スティーブ・ジョブズ 衝撃の復活』（同右）

『国家社会主義への警鐘』(幸福実現党刊)
『北朝鮮――終わりの始まり――』(同右)

経営戦略《けいえいせんりゃく》の転換点《てんかんてん》
――危機を乗りこえる経営者の心得――

2016年11月30日　初版第1刷

著　者　　大《おお》 川《かわ》 隆《りゅう》 法《ほう》

発行所　　幸福の科学出版株式会社

〒107-0052 東京都港区赤坂2丁目10番14号
TEL(03)5573-7700
http://www.irhpress.co.jp/

印刷・製本　株式会社サンニチ印刷

落丁・乱丁本はおとりかえいたします

ISBN978-4-86395-851-7 C0030
Photo：julijamilaja/Shutterstock.com

経営論シリーズ

忍耐の時代の経営戦略

企業の命運を握る
３つの成長戦略

豪華装丁
函入り

日本のマクロ経済の動向を的確に予測！ これから厳しい時代に突入する日本において、企業と個人がとるべき「サバイバル戦略」を示す。

10,000円

智慧の経営

不況を乗り越える
常勝企業のつくり方

豪華装丁
函入り

会社の置かれた状況や段階に合わせた、キメ細かな経営のヒント。集中戦略／撤退戦略／クレーム処理／危機管理／実証精神／合理精神／顧客ニーズ把握／マーケット・セグメンテーション――不況でも伸びる組織には、この８つの智慧がある。

10,000円

経営入門

人材論から事業繁栄まで

豪華装丁
函入り

経営規模に応じた経営の組み立て方など、強い組織をつくるための「経営の急所」を伝授！ 本書を実践し、使い込むほどに、「経営の実力」が高まっていく。経営の入門書であり、極意書。

9,800円

※表示価格は本体価格（税別）です。

成長し続ける企業を目指して

財務的思考とは何か
経営参謀としての財務の実践論

資金繰り、投資と運用、外的要因からの危機回避……。企業の命運は「財務」が握っている！ ドラッカーさえ知らなかった「経営の秘儀」が示される。

3,000円

「実践経営学」入門
「創業」の心得と「守成」の帝王学

「経営の壁」を乗り越える社長は、何が違うのか。経営者が実際に直面する危機への対処法や、成功への心構えを、Q&Aで分かりやすく伝授する。

1,800円

実戦マーケティング論入門
経営を成功に導くための市場戦略

「総合商社でのニューヨーク勤務と巨大非営利事業の経営成功体験から、抽象論になりがちな「マーケティング論」を"実戦"に即して入門解説。

1,500円

幸福の科学出版

成功の王道を学ぶ

常勝の法

人生の勝負に勝つ成功法則

人生全般にわたる成功の法則や、不況をチャンスに変える方法など、あらゆる勝負の局面で勝ち続けるための兵法を明かす。

1,800円

成功の法

真のエリートを目指して

愛なき成功者は、真の意味の成功者ではない。個人と組織の普遍の成功法則を示し、現代人への導きの光となる、勇気と希望の書。

1,800円

リーダーに贈る「必勝の戦略」

人と組織を生かし、新しい価値を創造せよ

燃えるような使命感、透徹した見識、リスクを恐れない決断力……。この一書が、魅力的リーダーを目指すあなたのマインドを革新する。

2,000円

※表示価格は本体価格（税別）です。

世界のトップ経営者に学ぶ

逆転の経営術

守護霊インタビュー
ジャック・ウェルチ、
カルロス・ゴーン、ビル・ゲイツ

豪華装丁
函入り

会社再建の秘訣から、逆境の乗り越え方、そして無限の富を創り出す方法まで――。世界のトップ経営者３人の守護霊が、経営術の真髄を語る。

10,000円

公開霊言
スティーブ・ジョブズ
衝撃の復活

英語霊言
日本語訳付き

世界を変えたければ、シンプルであれ。そしてクレイジーであれ。その創造性によって世界を変えたジョブズ氏が、霊界からスペシャル・メッセージ。

2,700円

ウォルト・ディズニー
「感動を与える魔法」の
秘密

世界の人々から愛される「夢と魔法の国」ディズニーランド。そのイマジネーションとクリエーションの秘密が、創業者自身によって語られる。

1,500円

経営者シリーズ

稲盛和夫守護霊が語る 仏法と経営の厳しさについて

心ある経営者たちへ贈る、経営フィロソフィ。仏教の視点から見た経営の真髄とは？　経営の視点から見た日本の問題とは？　稀代の経営者の守護霊が、日本経済に辛口アドバイス！

1,400円

松下幸之助「事業成功の秘訣」を語る

デフレ不況に打ち克つ組織、「ネット社会における経営」の落とし穴など、景気や環境に左右されない事業成功の法則を「経営の神様」が伝授！

1,400円

井《い》深《ぶか》大《まさる》「ソニーの心」

日本復活の条件

「日本のものづくり」を、このままでは終わらせはしない！　ソニー神話を打ち立てた創業者・井深大が、日本産業界に起死回生のアドバイス。

1,400円

未来産業のつくり方

公開霊言　豊田佐吉・盛田昭夫

夢の未来を、創りだせ――。日本経済発展を牽引したトヨタとソニーの創業者が、不況にあえぐ日本経済界を叱咤激励。

1,400円

※表示価格は本体価格（税別）です。

経営者シリーズ

柳井正社長の守護霊インタビュー
ユニクロ成功の霊的秘密と世界戦略

反日暴動でもユニクロが中国から撤退しない理由とは──。「逆張り」の異端児・柳井社長守護霊が語った、ユニクロ戦略の核心と、その本音に迫る！

1,500円

三木谷浩史社長の守護霊インタビュー
「楽天」とIT産業の未来

キャッシュレス、ネット選挙、個人情報の寡占化……。誰も知りえなかった楽天・三木谷社長の本心を、守護霊インタビューで明らかにする。

1,400円

ダイエー創業者 中内㓛・衝撃の警告
日本と世界の景気はこう読め

「消費税増税」「脱原発」「中国リスク」── 先の見えない乱気流時代をどう生き抜くべきか？ 10年後に生き残る企業はどこか？

1,400円

渋谷をつくった男
堤清二、死後インタビュー

PARCO、無印良品、LOFT、リブロ、西武百貨店──セゾングループを築いた男が明かす、グループ隆盛の原動力、時代に乗り遅れないための秘訣とは。

1,400円

幸福の科学グループのご案内

宗教、教育、政治、出版などの活動を通じて、地球的ユートピアの実現を目指しています。

幸福の科学

一九八六年に立宗。信仰の対象は、地球系霊団の最高大霊、主エル・カンターレ。世界百カ国以上の国々に信者を持ち、全人類救済という尊い使命のもと、信者は、「愛」と「悟り」と「ユートピア建設」の教えの実践、伝道に励んでいます。

（二〇一六年十月現在）

愛

幸福の科学の「愛」とは、与える愛です。これは、仏教の慈悲《じひ》や布施《ふせ》の精神と同じことです。信者は、仏法真理をお伝えすることを通して、多くの方に幸福な人生を送っていただくための活動に励んでいます。

悟り

「悟り」とは、自らが仏の子であることを知るということです。教学《きょうがく》や精神統一によって心を磨き、智慧《ちえ》を得て悩みを解決すると共に、天使・菩薩《ぼさつ》の境地を目指し、より多くの人を救える力を身につけていきます。

ユートピア建設

私たち人間は、地上に理想世界を建設するという尊い使命を持って生まれてきています。社会の悪を押しとどめ、善を推し進めるために、信者はさまざまな活動に積極的に参加しています。

国内外の世界で貧困や災害、心の病で苦しんでいる人々に対しては、現地メンバーや支援団体と連携して、物心両面にわたり、あらゆる手段で手を差し伸べています。

年間約３万人の自殺者を減らすため、全国各地で街頭キャンペーンを展開しています。

公式サイト　www.withyou-hs.net

ヘレン・ケラーを理想として活動する、ハンディキャップを持つ方とボランティアの会です。視聴覚障害者、肢体不自由な方々に仏法真理を学んでいただくための、さまざまなサポートをしています。

公式サイト　www.helen-hs.net

教育

学校法人 幸福の科学学園

学校法人 幸福の科学学園は、幸福の科学の教育理念のもとにつくられた教育機関です。人間にとって最も大切な宗教教育の導入を通じて精神性を高めながら、ユートピア建設に貢献する人材輩出を目指しています。

幸福の科学学園

中学校・高等学校（那須本校）
2010年4月開校・栃木県那須郡（男女共学・全寮制）
TEL **0287-75-7777**
公式サイト **happy-science.ac.jp**

関西中学校・高等学校（関西校）
2013年4月開校・滋賀県大津市（男女共学・寮及び通学）
TEL **077-573-7774**
公式サイト **kansai.happy-science.ac.jp**

仏法真理塾「サクセスNo.1」 TEL **03-5750-0747**（東京本校）
小・中・高校生が、信仰教育を基礎にしながら、「勉強も『心の修行』」と考えて学んでいます。

不登校児支援スクール「ネバー・マインド」 TEL **03-5750-1741**
心の面からのアプローチを重視して、不登校の子供たちを支援しています。
また、障害児支援の**「ユー・アー・エンゼル!」運動**も行っています。

エンゼルプランV TEL **03-5750-0757**
幼少時からの心の教育を大切にして、信仰をベースにした幼児教育を行っています。

シニア・プラン21 TEL **03-6384-0778**
希望に満ちた生涯現役人生のために、年齢を問わず、多くの方が学んでいます。

NPO活動支援

学校からのいじめ追放を目指し、さまざまな社会提言をしています。また、各地でのシンポジウムや学校への啓発ポスター掲示等に取り組む一般財団法人「いじめから子供を守ろうネットワーク」を支援しています。

公式サイト **mamoro.org**
相談窓口 **TEL.03-5719-2170**
ブログ **blog.mamoro.org**

政治

幸福実現党

内《ない》憂《ゆう》外《がい》患《かん》の国難に立ち向かうべく、二〇〇九年五月に幸福実現党を立党しました。創立者である大川隆法党総裁の精神的指導のもと、宗教だけでは解決できない問題に取り組み、幸福を具体化するための力になっています。

幸福実現党 釈量子サイト
shaku-ryoko.net

Twitter
釈量子@shakuryoko
で検索

党の機関紙
「幸福実現NEWS」

幸福実現党 党員募集中

あなたも幸福を実現する政治に参画しませんか。

○幸福実現党の理念と綱領、政策に賛同する18歳以上の方なら、どなたでも党員になることができます。

○党員の期間は、党費（年額 一般党員5千円、学生党員2千円）を入金された日から1年間となります。

党員になると

党員限定の機関紙が送付されます。（学生党員の方にはメールにてお送りします）

申込書は、下記、幸福実現党公式サイトでダウンロードできます。

住所:〒107-0052
東京都港区赤坂2-10-8 6階
幸福実現党本部

TEL **03-6441-0754**
FAX **03-6441-0764**
公式サイト **hr-party.jp**
若者向け政治サイト **truthyouth.jp**

出版メディア事業

幸福の科学出版

大川隆法総裁の仏法真理の書を中心に、ビジネス、自己啓発、小説など、さまざまなジャンルの書籍・雑誌を出版しています。他にも、映画事業、文学・学術発展のための振興事業、テレビ・ラジオ番組の提供など、幸福の科学文化を広げる事業を行っています。

アー・ユー・ハッピー?
are-you-happy.com

ザ・リバティ
the-liberty.com

幸福の科学出版
TEL **03-5573-7700**
公式サイト **irhpress.co.jp**

THE FACT

ザ・ファクト
マスコミが報道しない「事実」を世界に伝えるネット・オピニオン番組

Youtubeにて随時好評配信中!

ザ・ファクト　検索

NEW STAR PRODUCTION

ニュースター・プロダクション

ニュースター・プロダクション(株)は、新時代の〝美しさ〟を創造する芸能プロダクションです。二〇一六年三月には、ニュースター・プロダクション製作映画「天使に〝アイム・ファイン〟」を公開しました。

公式サイト
newstar-pro.com

入会のご案内

あなたも、幸福の科学に集い、ほんとうの幸福を見つけてみませんか？

幸福の科学では、大川隆法総裁が説く仏法真理をもとに、
「どうすれば幸福になれるのか、また、
他の人を幸福にできるのか」を学び、実践しています。

入会

大川隆法総裁の教えを信じ、学ぼうとする方なら、どなたでも入会できます。入会された方には、『入会版「正心法語」』が授与されます。（入会の奉納は1,000円目安です）

ネットでも**入会**できます。詳しくは、下記URLへ。
happy-science.jp/joinus

三帰《さんき》誓願《せいがん》

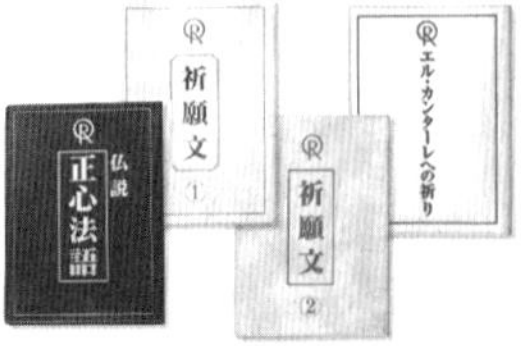

仏弟子としてさらに信仰を深めたい方は、仏・法・僧の三宝への帰依を誓う「三帰誓願式」を受けることができます。三帰誓願者には、『仏説・正心法語』『祈願文①』『祈願文②』『エル・カンターレへの祈り』が授与されます。

植福《しょくふく》の会

植福は、ユートピア建設のために、自分の富を差し出す尊い布施の行為です。布施の機会として、毎月1口1,000円からお申込みいただける、「植福の会」がございます。

ご希望の方には、幸福の科学の小冊子（毎月1回）をお送りいたします。詳しくは、下記の電話番号までお問い合わせください。

月刊
「幸福の科学」

ザ・伝道

ヤング・ブッダ

ヘルメス・
エンゼルズ

INFORMATION	幸福の科学サービスセンター TEL. 03-5793-1727（受付時間 火～金:10～20時／土・日・祝日:10～18時） 幸福の科学 公式サイト happy-science.jp